Martin Pöt Stoldt

Gutes Brot braucht Zeit

Backen mit langer, kalter Teigführung und eigener Hefe

Ulmer

>>>>>>>>>>> Gut Ding will Weile haben

Rezepte mit einfacher langer, kalter Führung 119

Rezepte mit doppelter langer, kalter Führung 147

Service 169

>>>>>>>>>> Vorwort

„Erinnern Sie sich? Wer eine Großmutter hatte, die das Brot für die Familie noch selbst gebacken hat, der wird ihn sicher nie wieder vergessen: den tollen Geruch, der durch das ganze Haus zog, wenn wieder einmal Backtag war ...“

So begann mein erstes Buch „Der Sauerteig – das unbekannte Wesen“, das gleich ab der ersten Auflage im Jahr 2009 ein Bestseller wurde. Es war ein durchschlagender Erfolg, den ich nicht erwartet hatte. Viele Leser bedrängten mich immer wieder, weitere Bücher für Brotbäcker zu schreiben. Ich habe lange überlegt, wie ich mein erstes Buch weiterführen könnte, ohne dass ich die Themen zu sehr zerfleddere.

Nach langen Gesprächen und vielen durchwachten und durchdachten Nächten entschloss ich mich, eine neue Buchreihe „Erfolgreich backen mit Pöt“ aufzulegen, in dem jeweils pro Buch zueinander passende Backthemen behandelt werden. Und natürlich zu jedem Thema auch die passenden Rezepte.

In dem Ihnen vorliegenden Titel ist die Brotbäckerei mit Hefe an der Reihe. Es wird natürlich die direkte, einfache Hefebäckerei besprochen, aber auch die unterschiedlichen Vorteige und die beiden langen, kalten Führungen (einfach und doppelt) werden Thema sein. Ein ganz wichtiger Punkt ist die Hefeherstellung: Die industrielle Produktion wird dargestellt und wir werden auch unsere ganz eigene Backhefe herstellen und damit backen.

Ich wünsche Ihnen viel Vergnügen beim Lesen und Nachbacken!
Herzlichst, Ihr

Martin Pöt

Wie fängt man als Anfänger an?

Das Buch unterteilt sich in mehrere Teile: Da ist zum einen der theoretische Teil, in dem die Geschichte der Hefe, die technischen Zusammenhänge, die Biologie und Chemie erklärt sind. Den allgemeinen theoretischen Teil können Sie später noch nachlesen. Er ist weder zum Ziehen der eigenen Backhefe, noch für die Führungen zwingend nötig. Ein weiterer theoretischer Teil sind die Anleitungen zu einer eigenen, selbstgezogenen Backhefe und natürlich die Anleitungen zu den unterschiedlichen Führungsformen: Hefeteig, Hefevorteig, lange, kalte Führung und die Hefe-Salz-Führung.

Welches davon muss man als Anfänger nun zuerst lesen? Nun, das kommt eben darauf an: Wenn man sich seine eigene Backhefe zulegen möchte, schlagen Sie das Kapitel „Hefe – Hefe selbst herstellen“ (Seite 27) auf. Die unterschiedlichen Hefe- und Hefevorteig-Führungen finden sich auf den Seiten 37 bis 54. In beiden Abschnitten finden Sie auch Grundrezepte. Anhand der Grundrezepte erkennen Sie den jeweiligen Unterschied. Eine tabellarische Gegenüberstellung veranschaulicht die genauen Zusammenhänge.

Die lange, kalte Führung ist auf Seite 50 (einfache Führung) und 52 (doppelte Führung) beschrieben. Die sehr interessante Hefe-Salz-Führung für Brötchen und Kleingebäck finden Sie ab Seite 55.

Im zweiten Teil des Buches finden Sie den Rezeptteil mit vielen Anleitungen für Brot, Brötchen und anderes Kleingebäck. Selbst Rezepte für süße und salzige Kuchen sind aufgeführt.

Der Rezeptteil ist aufgegliedert in die unterschiedlichen Vorteig- und Führungsformen (ab Seite 59).

Es ist sicher von Vorteil, wenn der jeweilige Theorieteil gelesen wird, damit man die Gesetzmäßigkeiten versteht und aus welchem Grund die eine oder andere Besonderheit besteht.

Hefe

>>>>>>>>>>>> Allgemeines

Das, was wir heute unter Hefe im Allgemeinen und als Bäckerhefe im Besonderen verstehen und zum Backen verwenden ist ein einzelliger Pilz, genauer: ein Schlauchpilz.

Aus verschiedenen Wildformen (die auch heute noch im Sauerteig anzutreffen sind) wurde über Umwege die heutige Form der Backhefe gezüchtet. Es ist meistens eine Unterform des *Saccharomyces cerevisiae*. Der Name verrät die eigentliche Herkunft: ins Deutsche übersetzt heißt die Backhefe „Zuckerhefe des Bieres". Es zeigt uns auch, dass es die Bierhefen der damaligen typischen obergärigen Biere waren, mit denen man im 18. und 19. Jahrhundert experimentierte und aus denen schließlich die heutige Backhefe herausgezüchtet wurde.

Aus verschiedenen Wildformen wurde die heutige Form der Backhefe gezüchtet.

Die verwendeten obergärigen Bierhefen benötigen eine Temperatur von ca. 16–22 °C – eine Temperatur, die auch zum Backen gut gewährleistet werden konnte. Deswegen verwendete man Bierhefen ab dem späten 20. Jahrhundert zunehmend gerne als Triebmittel bei süßem Gebäck. Standard bei Broten und Brötchen blieben lange bis in die Mitte des 20. Jahrhunderts die Sauerteige, die es auch in ausgesprochen milden Formen gab. Weizensauerteige, besonders, wenn sie nicht mit Wasser, sondern mit Milch geführt werden, sind Sauerteige, die eine nur ganz geringe Säure haben und heute noch von vielen Menschen selbst für Kuchen verwendet werden (siehe auch mein Buch „Der Sauerteig – das unbekannte Wesen", Martin Pöt Stoldt).

Etwa ab dem 16. Jahrhundert wurden neben obergärigen Bieren auch untergärige Biere gebraut, deren Hefen während des Brauprozesses zum Boden absinken und dabei absterben. Da untergärige Hefen zudem wesentlich tiefere Temperaturen benötigen und keine wirklichen Vorteile für die Verwendung zum Backen haben, waren sie für Bäcker uninteressant und wurden nicht zum Backen verwendet.

Bis heute hat sich die Bäckerhefe, die aus industrieller Hefeproduktion stammt, weltweit etabliert. Sie ist in der Backindustrie und dem Bäckerhandwerk nicht mehr wegzudenken. Lediglich ihr Geschmack steht mitunter in der Kritik. Vereinzelt wird zwar der Hefegeschmack akzeptiert, ja sogar gefordert (beispielsweise im Hefezopf), doch Brot mit bemerkbarem Hefegeschmack wird dagegen zumeist abgelehnt. Starker Hefegeschmack in Brot gilt auch als Brotfehler.

Grundsätzlich muss man folgende Hefeformen unterscheiden: Bäckerhefe wird als Hefepresswürfel, als Trockenhefe und auch als Flüssighefe angeboten.

Sauerteighefen sind meist Mischungen verschiedener Wildhefen, die auf der Oberfläche von Früchten, Getreidekörnern und in der Luft vorkommen.

Reinzuchthefen sind jeweils einstämmige, nicht gemischte Formen von Hefekulturen, die unter Reinraumbedingungen von der Industrie hergestellt und angeboten werden, um Hefen für Biere, Weine und auch zum Backen züchten und herstellen zu können.

Für die Zukunft kann man erwarten, dass die Gentechnik die Funktionalität der Backhefen verbessert – z. B. bessere Säure- und Wärmetoleranz, stärkere Gärbereitschaft, Haltbarkeit usw. Vor allem die Fähigkeit, dass Backhefen künftig auch Geschmack (beispielsweise Vanille- und Mandelaroma etc.) produzieren können, steht kurz vor dem Durchbruch.

>>>>>>>>>> Kleine Zeitreise

Die Geschichte des Brotes, also, wie es vom einzelnen Grassamen über das Korn zum ersten Brot kam, ist im Buch „Der Sauerteig – das unbekannte Wesen" ausführlich beschrieben. Die Backhefe als Thema habe ich aber nur oberflächlich gestreift. Vor allem deshalb, weil bis weit in das 20. Jahrhundert hinein Brote in aller Regel nicht mit Backhefe allein, sondern meist zusammen mit Sauerteig (oft auch nur mit Sauerteig allein) gebacken wurden.

Eigentlich beginnt die Geschichte der Backhefe schon lange vor dem Brot. Und die Hefe hatte ursprünglich auch nichts mit Brot im weitesten Sinne zu tun. Wir erkennen es schon im Namen. Der Name der Backhefe, „*Saccharomyces cerevisiae*", heißt ins Deutsche übersetzt: die „*Zuckerhefe des Bieres*". Warum „Zuckerhefe"? Weil sie die Fähigkeit besitzt, verschiedene Kohlenhydrate – insbesondere Zucker – zu verwerten. Und warum „des Bieres"? Nun, weil sie aus einer Maische, also aus gekeimtem und gemahlenem Getreide mit Wasser versetzt, Alkohol und Kohlensäure produziert. Und das schon zu Zeiten, als man die genauen einzelnen Mikroorganismen noch nicht kannte. Wenn wir einige Randbedingungen weglassen, kann man so heute grundsätzlich noch Bier brauen.

Beginnen wir also mal mit dem Bier und dann schauen wir, wo und wann wir beim Brot ankommen. Und was Brot mit Bier zu tun hat.

Bier: das ist ein gärendes alkoholisches Getränk aus gekeimtem und anschließend getrocknetem und gemahlenem Getreide und Wasser. Mehr war ursprünglich im Altertum nicht im Bier. Hopfen und weitere Zutaten sind recht neu und wurden ursprünglich nicht verwendet. Als Biergetreide wurde früher das genommen, was es gerade gab. Und das war neben der schon sehr alten Gerste ein recht früher Vorläufer beziehungsweise Verwandter des heutigen Weizens: der Emmer. Gerste, Einkorn und Emmer waren die ersten von Menschen gezielt angebauten Getreidesorten. Sie haben ihre Heimat im sogenannten „Fruchtbaren Halbmond".

Der Fruchtbare Halbmond

Als „Fruchtbaren Halbmond" bezeichnet man ein Gebiet, in dem sich in der Frühzeit der Menschheit viele wichtige Entwicklungen abgespielt haben: vor allem Landwirtschaft, Siedlungskultur, Kultur an sich, Schrift und heutige Religionen. Der „Fruchtbare Halbmond" hat grob die Form einer nach Südosten offenen Mondsichel. Er erstreckt sich von der Nordostgrenze Ägyptens über den Sinai, dann in einem schmalen Streifen am östlichen Mittelmeer (heutiges Israel) nach Norden über das heutige Syrien, bis an den heutigen Südrand der Türkei, dann nach Osten über das Heimatgebiet der Kurden und westlich des Zāgros-Gebirge (der Grenze zwischen heutigem Irak und Iran) wieder nach Süden bis an den Persischen Golf. Das Land in diesem Bereich ist begrenzt durch Meere (Mittelmeer, Rotes Meer und Persischer Golf) bzw. durch Gebirge (Libanon, südöstliches Taurusgebirge und das Zāgros-Gebirge an der Grenze des Irak zum Iran). Dort in der

Vor etwa 10 000 Jahren wurde im Gebiet des Fruchtbaren Halbmonds erstmals Getreide gezielt angepflanzt.

Niederung war vor rund 7000 Jahren das Klima warm und (anders als heute) sehr niederschlagsreich.

Vor etwa 10000 Jahren wurde in diesem Gebiet Getreide nicht nur zum ersten Mal gezielt angepflanzt, auch die verschiedenen Formen der Speisezubereitung aus Getreide wurden dort entwickelt. Das mühsame Zerkleinern des Getreide mit den Zähnen wurde abgelöst durch das Mahlen. Da das grobe und trockene Mehl nicht gegessen werden konnte, kochte man es zu Brei. Den Brei ließ man trocknen, da er sonst zu schnell verdarb. Getrocknet konnte er gut gelagert und auf die Jagd und die Reise mitgenommen werden. Jederzeit konnte man mit Wasser aus einem Fladen wieder Brei machen. Zum Trocknen strich man den Brei einfach dünn auf heiße Steine – so entstanden die ersten gebackenen Fladen. Daraus wurde, man kann es im Sauerteigbuch nachlesen, irgendwann mal der Sauerteig.

Und in diesem Sauerteig waren auch Hefen, und zwar die wilden Sauerteighefen, die den Brotteig treiben.

Babylonische Bierbrauer

In Babylon kam es zu einer weiteren Entwicklung. Die Aufbewahrung der Getreideernte war kompliziert im feucht-heißen Klima des „Fruchtbaren Halbmondes“: Es gab verhältnismäßig viel Regen, aber keine ausreichend dichten Gefäße. Der Versuch, angekeimte Getreidekörner wieder zu trocknen (wir nennen es heute „darren“) und anschließend daraus einen Brei zu machen, führte dazu, dass diese Maische schnell zu gären begann.

Diese Gärung unterscheidet sich von der Sauerteiggärung, da hier nicht die Milchsäurebakterien zuerst die Übermacht über die Stärke bekamen (wie beim Sauerteig). Vor dem Keimen der Getreidekörner entwickeln sich Enzyme, die die Stärke der Getreidekörner zu Malzzucker spalten. Auf diesen Malzzucker reagieren die wilden Sauerteighefen nun weniger gut. Sie benötigen zudem eine eher saure Umgebung.

Andere wilde Hefen, die auf süßen Früchten und Getreidekörnern ebenso oft wie die wilden Sauerteighefen vorkommen, besiedelten den Getreidebreiansatz. Anfänglich war es ein Gerstenbrei. Welche Hefen waren es? Sie haben es erraten: Es waren die Zuckerhefen „*Saccharomyces*". Und dort eine Art ganz besonders: Sie bekam später einen Namen, der verrät, wo man sie zuerst fand: im Bier. Es war die Hefefamilie *Saccharomyces cerevisiae*.

Bier wurde in Babylon bereits gezielt hergestellt. Vermutlich wegen seiner alkoholischen Wirkung. Und da es nicht immer bei Gerste blieb, wurden auch andere Getreidekörner verwendet – häufig Emmer, denn damit funktionierte die Gärung besser als mit dem damaligen Einkorn.

Der Anbau des Emmers war auch einfacher als der des Einkorns. Sumerer und Babylonier hinterließen Textdokumente, die beweisen, dass Bier bereits ein Grundnahrungsmittel war. Allerdings darf man sich das Bier sicher nicht wie heutige Sorten vorstellen. Es gab zwar bereits Dutzende unterschiedliche Biersorten, aber alle dürften wesentlich weniger Alkohol gehabt haben als heute und bis in die Neuzeit war Bier recht sauer. Irgendwie kamen bei der Herstellung doch immer wieder die aus dem Sauerteig bekannten Milchsäurebakterien durch.

Eine Bäckerei aus Ägypten zur Zeit Ramses des III.

Handarbeit in Ägypten

Bier gab es nachweislich auch in Ägypten. Es war Grundnahrungsmittel in allen Bevölkerungsschichten bis hinauf ins Königshaus. Wandschriften und Papyrus-Dokumente belegen: Die Arbeiter der Pyramiden bekamen neben einigen Laiben Brot auch zwei Krüge „henqet“ (Bier). Sowohl die Bier- als auch die Brotproduktion war im alten Ägypten bereits fast industriell angelegt, teils sogar zentralisiert.

Abbildungen zeigen, dass mit „Brot“ nicht nur Fladen gemeint waren, sondern auch aufgegangenes Brot bekannt war. Ja, natürlich, wird der eine oder andere jetzt sagen: denn der Sauerteig ist ja bekannt gewesen. Sicher war auch Sauerteigbrot unter den Broten für die Arbeiter, aber in den Inschriften ist dagegen oft die Rede von unsauren, aber gegangenen Broten für das Königshaus. Das „unsauer, aber gegangen“ geht aber nur mit einem Triebmittel, das eben kein Sauerteig ist.

Und so war es auch. Es war in der ägyptischen Zeit, als mit dem Schaum, der auf dem Bier schwamm, experimentiert wurde. Und siehe da – es war gut. Man konnte mit dem Bierschaum ein Brot genauso aufgehen lassen, wie mit Sauerteig. Nur schneller und ohne, dass der Sauerteig vorher geführt werden musste.

Einziger Nachteil: Die Bierhefe musste jedes Mal frisch abgeschöpft werden und hielt sich nicht. Solange aber die Bierproduktion kontinuierlich weitergeführt wurde und damit immer ausreichend obergärige Hefe zur Verfügung stand, war das kein wirkliches Problem.

Auch, wenn die ägyptische Brotherstellung im großen Stil an spätere Backfabriken erinnert, blieb das Backen noch lange Handarbeit: Getreide wurde von Hand gemahlen, Teig wurde von Hand geknetet und in vielen nebeneinander stehenden Öfen gebacken.

Professionelle Produktion in Rom

So wurde die Technik des Brotbackens über Griechenland – wo sich nicht viel änderte – bis ins Römische Reich weitergeführt. In Rom gab es dann zum ersten Mal richtige Brotfabriken: sowohl das Mahlen als auch das Kneten wurde industriell betrieben. Anstatt die Drehmühlen mit der Hand zu betätigen, erledigten Maultiere und Wasserkraft die Arbeit. Und auch für das Kneten setzte man auf Tierkraft. Der Römer Marcus Vitruvius Pollio, ein bedeutender Architekt und Ingenieur, beschrieb genau die Verfahren, wie eine Mühle zu bauen und zu betreiben sei.

Da Emmer und Einkorn zu geringe Erträge brachten, wurde der Weizen in römischer Zeit weitergezüchtet und in großen Mengen angebaut.

Auch die Hefenutzung aus Bier wurde in Rom genauestens untersucht und dokumentiert. Plinius der Ältere beschrieb beispielsweise die Gewinnung und Verwendung von Backhefe (lateinisch *fermentum*) aus dem Bier in seiner „*Naturalis historia*“.

Kein Weizen in Germanien

Natürlich kannten die German auch Bier, aber zum Backen verwendeten sie keine Bierhefe. Warum? In Germanien war in aller Regel das Klima viel zu kalt, um Weizen oder mit ihm verwandtes Getreide anzubauen. Auch sind die deutschen Böden für Weizen recht ungeeignet. Im Südwesten, also im heutigen Baden-Württemberg sah es ein wenig anders aus. Dort gedieh ein enger Verwandter des heutigen Weizens, der Dinkel.

Noch bis in die 1970er Jahre wurde der deutsche Weizen mit französischem und kanadischen Weizen gemischt, um Weizenbrot herzustellen. Erst mit der Einführung der Stickstoffdüngung ab 1950 wurde deutscher Weizen langsam zufriedenstellend backbar.

Also: kein Weizen in Germanien. Der einzige Weizen, der hier angebaut wurde, war für die römischen Soldaten. Und das mehr schlecht als recht. Bei den Germanen war dagegen Gerste stark verbreitet. Gerste ist mit Backhefe alleine aber nicht backbar. Abgeschöpfte Bierhefe aus Bier hätte also gar nicht funktioniert. Für die Gerstenfladen haben die Germanen und die anderen nördlichen Völker den Gerstenbrei einfach stehengelassen, bis er gärte und zu einer Art Sauerteig wurde. Oder die Menschen haben den Gerstenbrei einfach so, also ungebacken, gegessen.

Aus dem mittelalterlichen Kalendarium: Ein Bäcker schiebt Brot in den Backofen.

Mittelalter: Brauhefe zum Brotbacken

Die Römer hatten den Weizen mitgebracht. Er war trotzdem bis in die frühe Neuzeit nicht sehr verbreitet. Nur die Adelsschicht und Klöster konnten ihn sich leisten. Man aß sonst Hirse, Gerste und vor allem Roggen. Auch Hafer und Dinkel (im Südwesten des heutigen Deutschlands) waren stellenweise sehr verbreitet. Und aus all diesen Getreidesorten konnte man gut mit Hilfe von Sauerteig Brot herstellen. Also: meist kein Einsatz von Hefe.

Wurde überhaupt keine Bierhefe zum Backen verwendet? Doch. Wo mit Weizen, Einkorn oder Dinkel gebacken wurde und Bierbrauereien in der Nähe waren, verwendete man auch Bierhefen. Die Bierbrauer stellten obergärige Biere her, die nicht gekühlt werden mussten. Die Bierhefe schwamm oben und konnte einfach abgeschöpft werden.

Aber obergärige Biere haben einen gravierenden Nachteil: ihre geringe Haltbarkeit. Da sie nicht gekühlt wurden, konnten sie verderben und Fremdpilze und Bakterien das Bier befallen. So entwickelte sich im ausgehenden Mittelalter eine neue Bierart: das untergärige Bier. Dies musste aber gekühlt werden. Zur Gärung braucht es eine Temperatur zwischen 4 und 9 °C. Diese niedrigen Temperaturen zu erreichen war zu der Zeit glücklicherweise nicht schwer: eine kurze, aber einschneidende Kälteperiode im 15. und 16. Jahrhundert sorgte zuverlässig für gefrorene Seen und Flüsse im Winter. Es war die später sogenannte „Kleine Eiszeit".

Eis wurde als Blöcke aus zugefrorenen Seen und Flüssen geschlagen und für die Bierbrauerei unterirdisch eingelagert. Auf diese Art und Weise entstanden die

Unter- und obergärige Biere heute

Eiskeller der Brauereien. Um die Eiskeller vor der Sonneneinstrahlung im Sommer zu schützen, pflanzte man oberirdisch großkronige Bäume, die viel Schatten spendeten. In diesen Biergärten mit großen Kastanien schenkten die Bierbauer dann im Sommer das Bier aus. Zum Essen gab es nichts, Gäste durften sich ihr Vesper selbst mitbringen – vor allem in Bayern ist dies noch heute gelebte Tradition.

Mit dem untergärigen Bier ergab sich für die Bäcker ein großes Problem: Es gab keine Hefe mehr zum Abschöpfen. Auch war die Hefesorte eine gänzlich andere. Statt der Bierhefe *Saccharomyces cerevisiae* wurde nun *Saccharomyces carlsbergensis* verwendet. Das ist zwar auch eine Zuckerhefe („*Saccharomyces*"), aber sie starb ab, wenn das Bier reif war und sank dabei auf den Boden des Gärbottichs.

Solange in der kommenden Übergangszeit aber noch genug obergäriges Bier gebraut wurde, gab es auch Brauhefe, die zum Brotbacken benutzt werden konnte.

Sie merken, lieber Leser, dass eine Abhängigkeit zwischen Bierbrauern und Bäcker bestand. Und durch den Vormarsch der untergärigen Biere, die dazu auch noch lange lagerfähig waren, kam es zu Engpässen in der Versorgung der Bierhefen für die Bäcker.

19. Jahrhundert bis zur Gegenwart

Ab der Mitte des 19. Jahrhunderts wurde Hefe angesetzt, die jetzt nicht mehr aus der Bierproduktion stammte, sondern extra für die Bäcker hergestellt wurde. Die Backhefe züchtete man auf Maische, also auf gekeimtem, getrocknetem und anschließend gemahlenem Getreide (mit Wasser versetzt).

Eine Weiterentwicklung fand zu Anfang des 20. Jahrhunderts statt. Getreidemaische erschien zu kostbar für die Herstellung von Backhefe. Brotgetreide sollte nur noch zur Volksernährung verwendet werden. Auch gab es genug Melasse aus dem Zuckerrübenanbau. Melasse konnte bis dato nicht wirklich weiterverwendet werden. Nun aber bot sich als perfekte Nährlösung für die Hefeproduktion an. Die Hefeproduktion wurde daraufhin von Getreidemaische auf Melassebasis umgestellt.

Die letzte große Änderung folgte dann in den 1950er Jahren. Anstelle der bisherigen Pressfilter zum Konzentrieren der Hefesahne wurden Vakuumdrehfilter eingesetzt. Vorher wurde die Hefesahne (also das aufgemischte Hefewasser) in einzelne Filterpressen gegeben und das überschüssige Wasser durch Druck ausgepresst. Heute dreht sich eine große Walze durch die Hefesahne, auf der dann kontinuierlich die Sahne hängen bleibt. In der Walze herrscht ein Unterdruck, sodass durch kleine Löcher der Walze die Flüssigkeit aus der Hefesahne gesaugt wird. Das übriggebliebene Konzentrat wird abgeschabt, bevor es durch Spiralpressen ähnlich einem Fleischwolf in Stangenform gepresst wird. Diese Technik der Vakuumdrehfilter ermöglicht es, Hefe kontinuierlich zu gewinnen.

Und was bringt uns die Zukunft?

Woran wird im Moment gearbeitet? Auch die Backhefe ist künftig Änderungen unterworfen. Diese werden, so es sich schon heute feststellen lässt, aber eher biologischer, als technischer Art sein. Gentechnisch wird daran gearbeitet, dass die Hefe durch Schlüsselreize Geschmacksstoffe produzieren kann. Bittermandel- und Vanillearoma sowie Süßstoffe sollen erzeugt werden. Man arbeitet daran, dass Hefe eine bessere Gärtoleranz in Bezug auf Salz und Säure bekommt und auch zuverlässiger in geringerer Umgebungstemperatur funktioniert.

>>>>>>>>>>> Biologie und Chemie

Auch wer diese beiden Fächer in der Schule nicht so liebte, wird nicht drum herumkommen, etwas über die biologischen und chemischen Hintergründe zu lesen, um die Bäckerhefe zu verstehen. Ich verspreche, das Kapitel ist nicht trocken und ich werde auch nicht mit Fachbegriffen um mich werfen.

Anders als beim Sauerteig haben wir es bei der Backhefe nur mit einem einzigen Mikroorganismustyp zu tun. Im Sauerteig sind es unterschiedliche Bakterien (milchsäure- und essigsäureproduzierende Milchsäurebakterien) und unterschiedliche Wildhefen. In der Backhefe ist es nur ein Pilz, genauer gesagt: ein Schlauchpilz.

Schlauchpilze nehmen in der Biologie ein großes Feld ein. Wir kennen sie in unterschiedlichsten Arten und Größen. Zu den großen zählen essbare Morcheln und Trüffeln, doch Schlauchpilze sind auch die Hauptgruppe der Schimmelpilze. Schlauchpilze gehören zu den gefährlichsten Krankheitserregern für Pflanzen, Tiere

Auch ein Schlauchpilz: Backhefe getrocknet

und Menschen. Sie spielen aber auch eine positive Rolle in der Medizin. Penicillin beispielsweise ist ein Segen für die Medizin, ohne das bakterielle Infektionskrankheiten sonst sogar tödlich verlaufen können. Schlauchpilze werden selbst in der Technik verwendet. CO_2-Düngung in Aquarien findet oft mit Hilfe von Hefe statt. Ohne Schlauchpilze gäbe es aber auch keinen Käse, kein Bier oder Wein. Und: natürlich kein Brot.

Wir sollten uns diese Schlauchpilze also etwas genauer ansehen, denn sie haben einige Besonderheiten, die meist unbekannt sind. Dazu gehört, dass die höheren Schlauchpilze sich sowohl geschlechtlich auch als ungeschlechtlich fortpflanzen können. Hefen, die zu den niederen und einzelligen Schlauchpilze gehören, vermehren sich durch Teilung und Knospung.

Pilze allgemein sind Lebewesen, die als eigene Gattung zwischen Pflanzen und Tieren angesiedelt sind. Pflanzen sind in der Lage, sich aus Licht und anorganischen Stoffen die zum Wachsen und Lebensunterhalt notwendigen organischen Grundlagen selbst zu schaffen. Pilze können das nicht. Pilze benötigen grundsätzlich andere vorhandene organische Stoffe (von anderen Lebewesen), um sich zu ernähren.

Hefen tun es genauso. Sie verwerten Kohlenhydrate aus Stärke und Zucker, also aus organischen Stoffen. Die Backhefe (*Saccharomyces cerevisiae*, die „Zuckerhefe des Bieres"), hat sich darauf spezialisiert, die Zuckerstoffe, die sich im Getreide durch die Vermälzung bilden, abzubauen.

UND WAS IST MIT DEN BACKHEFEN?

Lebewesen (und damit auch die Hefepilze) unterscheiden sich von der unbelebten Natur durch zwei Vorgänge. Zum einen ist das die Vermehrung bzw. Fortpflanzung, zum anderen der Stoffwechsel. Die Vermehrung der Backhefe findet unter anderen Bedingungen statt als der reine Stoffwechsel. Man kann es aber leider nicht immer trennen, denn das eine findet oft nicht ohne das andere statt. Eine Backhefemenge, die optisch größer wird, kann sich entweder vermehrt oder sich durch Stoffwechselvorgänge aufgebläht haben.

Backhefe ist eigentlich fakultativ anaerob. Das heißt, dass sie sowohl sauerstoffhaltige Umgebungen verträgt, aber auch ohne Sauerstoff auskommt. Beide Prozesse (Fortpflanzung als auch Stoffwechsel) können sowohl mit Sauerstoff, als auch ohne Sauerstoff zustande kommen. Trotzdem ist es sehr vorteilhaft, wenn für die Fortpflanzung, bzw. Vermehrung ausreichend Sauerstoff zur Verfügung steht.

Vermehrung (Atmung)

Wenn wir unsere eigene Backhefe heranziehen wollen, ist es wichtig, vor allem die Vermehrung zu unterstützen. Ein gleichzeitig überstarker Stoffwechsel kann ein Problem werden, da die Stoffwechselprodukte der Hefe (CO_2 und Alkohol) für die Backhefe giftig sind. Ab entsprechenden Kohlendioxid-Konzentrationen würde die Hefe inaktiv und pflanzt sich nicht weiter fort. Letztendlich stirbt sie sogar ab.

Die aerobe Fortpflanzung (also mit Sauerstoff) ist wesentlich stärker als die anaerobe (ohne Sauerstoff). Deswegen ist es wichtig, bei der Herstellung unserer eigenen Backhefe den Erlenmeyerkolben mit der Gärlösung immer wieder oft und gut durchzuschütteln, so dass sich wieder Sauerstoff in der Melasse bindet. Außerdem wird der Alkoholgehalt der Lösung dadurch reduziert.

Die Vermehrung findet hauptsächlich durch Knospung statt. Nur unter ungünstigen Voraussetzungen kommt es zu einer langsameren Vermehrung mit Sporenbildung. Diese wollen wir aber nicht.

Ideal ist eine Temperatur von 28 °C und eine 8–10 prozentige Nährstofflösung. Als Nährstoffe werden neben Kohlenhydraten (Zucker) vor allem Stickstoffverbindungen, Phosphate und in geringeren Mengen auch Aminosäuren benötigt.

Da die aerobe Fortpflanzung unter Sauerstoffverwendung stattfindet, wird diese Form der Vermehrung auch „Atmung“ genannt. Die Vermehrung der Hefen sieht also folgendermaßen statt:
Glukose + Sauerstoff → Kohlendioxid + Wasser

Stoffwechsel (Gärung)

Die Bedingungen für den Stoffwechsel sind anders. Verstoffwechselt wird vor allem Stärke, idealerweise Zucker. Dabei ist eine Zuckerlösung von mehr als 10 % Zuckergehalt aber hypertonisch. Hypertonisch bedeutet, dass der Zuckergehalt der Lösung aus den Hefezellen Wasser entzieht und sie auslaugt. Die Hefezellen werden dadurch inaktiv und fallen in einen Starrezustand, indem weder Vermehrung noch Stoffwechsel stattfindet.

Optimale Stoffwechselbedingungen sind 32 °C und eine leicht alkalische Lauge. Sauerstoff wird hierbei nicht benötigt (anaerob). Aus der Stärke werden vor allem CO_2, Alkohol und etwas Ammoniak produziert. Gerade das CO_2 bei der Gärung ist beim Backen erwünscht. Kohlendioxid treibt den Teig, so wie wir es wünschen. Der Alkohol verflüchtigt sich während des Backens, ebenso der größte Teil des Ammoniaks. Der Rest ist so gering, dass er geschmacklich nicht auffällt.

Da der anaerobe Stoffwechsel ohne Sauerstoff stattfindet und dabei Alkohol produziert wird, nennt man diese Form des Stoffwechsels „Gärung“. Der anaerobe Stoffwechsel wird als „alkoholische Gärung“ in der Wein-, Sekt- und Bierherstellung angewandt. Vor allem aber natürlich in der Bäckerei zum Treiben des Teiges. Der Stoffwechsel der Hefen findet also folgendermaßen statt:
Glukose → Kohlendioxid + Ethanol (Alkohol) + wenig Ammoniak

>>>>>>>>>>> Verwendung von Hefe

Hefeteig ansetzen

Meist wird empfohlen, Backhefe in ein wenig warmer Flüssigkeit (meist Milch) aufzulösen. In der Bäckersprache spricht man in diesem Zusammenhang auch vom „Aufschlämmen", obwohl der Ausdruck technisch eigentlich das Trennen von zwei Stoffen unterschiedlicher Dichte beschreibt und nicht das Mischen von zwei Stoffen.

Problematisch an dieser Angabe mit der „warmen Milch" ist, dass man es als Anfänger oft zu gut meint und die Flüssigkeit zu heiß ist. „Warm" ist leider nicht ausreichend genug definiert. Mit „warm" ist, und das ist die erste Ungenauigkeit, maximal „handwarm" gemeint. Wie man das prüft? Jedenfalls nicht mit dem Finger. Ein Finger zum Testen ist völlig ungeeignet.

Wer schon einmal Babynahrung zubereitet hat, weiß, dass man sich beim Schätzen von Temperaturen schnell vertun kann. Im Nu ist „handwarm" viel zu heiß. Hefe stirbt bei Temperaturen von über 37 °C ab. Wenn man das nicht weiß, möchte man es der Hefe vielleicht noch extra leicht machen und meint es besonders gut. Der Hefe wird es von Anfängern gerne „muckelig warm" gemacht und die Milch erreicht schnell eine Temperatur von über 50 °C. Da die Hefe nicht wie ein Baby schreien kann, ist das Ergebnis lediglich eine tote Backhefe. Am Ende liegen alle Backanfängerideale ebenso darnieder, wie das flache, harte und nicht aufgegangene Brot.

Dieses Problem hat die Lebensmittelindustrie erkannt und bietet mittlerweile ein Produkt namens „Hefe garantiert" (oder ähnlich) an. Dabei handelt es aber nicht um eine extra hitzetolerante Hefe, sondern hier hat man der Trockenhefe ein chemisches Triebmittel beigemischt – nämlich ganz gewöhnliches Backpulver. So gelingen auch Anfängern beim falschen Umgang mit Backhefe Brote, die nicht flach und klitischig bleiben.

Andere Gärmethoden funktionieren anders und brauchen zum Teil sogar Hitze. Beispielsweise geht Backen mit Backpulver nur mit Feuchtigkeit und Hitze.

Triebkraft

Für eine optimale Triebkraft benötigt Hefe im Teig genügend freie Feuchtigkeit – meist in Form von Wasser. Bei Teigen, deren Zuckeranteil (bezogen auf die Mehlmenge) über 5 % liegt, entzieht der Zucker der Hefezelle zusätzlich Wasser. Dadurch verliert die Hefe an Triebkraft. Je mehr Zucker ein Teig enthält, desto mehr Flüssigkeit wird also vom Zucker gebunden und steht der Backhefe nicht mehr zur Verfügung. Ab ca. 12–15 % Zuckergehalt stellt die Hefe ihre Gärung ein, da der Verlust an eigener Zellflüssigkeit zu groß wird (genaueres finden Sie im Kapitel Hefe-Salz-Führung, Seite 55).

Hefe hat die stärkste Triebkraft in leichten Hefeteigen (bis 5 % Zuckergehalt). Leichte Hefeteige besitzen weniger Zucker als schwere Hefeteige. Von 5 bis 10 % Zuckeranteil (bezogen auf die Mehlmenge) im Teig wird die Hefegärung zunehmend verlangsamt. Ab einem Zuckeranteil von über 10 % bis 12 % muss man zum Ausgleich mehr Backhefe zugeben.

Die benötigte Hefemenge

Die Hefemenge ist neben dem Gärvermögen vor allem ausschlaggebend für den Geschmack des Gebäcks und dafür, wie lange die Backwaren frisch bleiben. Grundsätzlich empfiehlt es sich, eine geringe Hefezugabe zu verwenden, dafür aber längere Gärzeiten zu nutzen.

Hefegebäck mit geringen Hefemengen entwickelt einen wesentlich besseren Geschmack. Es bleibt länger frisch und altert nicht so schnell wie Gebäck mit viel Hefe. Zudem bilden Hefeteige mit überhöhter Hefemenge in kurzer Zeit ungewollt große Poren und die Hefe frisst die Stärke aus dem Mehl schneller ab, sodass es schneller zu einer deutlichen Übergare kommt. Dadurch wird das Aufgehen des Teiglings letztendlich wieder eingeschränkt.

Kommt es einmal zum sogenannten „Abfressen" des Teiges durch die Hefe, so ist die Teigstruktur zerstört und der Teig leider verloren. Die Hefe ist dann meist bereits wegen Nahrungsmangel abgestorben. Auch nachträglich noch mehr Backhefe und zusätzliches Mehl hinzuzufügen, rettet den Teig nicht mehr, weil die Stärke des Mehls bereits zu einem großen Teil verstoffwechselt worden ist. Der Teig besitzt nicht mehr die Fähigkeit, ein ausreichendes Klebergerüst zu erhalten und die Gärgase der Hefe an den Teig zu binden. Der Teigling verliert jegliche Spannung und wird bei der Stückgare nicht mehr aufgehen bzw. komplett zusammenfallen.

So viel Hefe brauchen Sie bei einstufiger Führung (also ohne eine Vorteigführung):

Pizzateige: 10 bis 15 g Frischhefe je kg Mehl

Helle und leicht salzige Weizenteige: 20 bis 30 g

Leicht süße Hefemischteige: 20 bis 50 g

Schwere (süße) Hefeteige: 50 bis 80 g

Das ist zweifelsohne viel. Aber in einstufigen Hefeteigführungen erhält man sonst keine ausreichende Gare. Je nach Teigführung können diese Hefemengen jedoch erheblich reduziert werden:

Pizzateige: 3 bis 10 g Frischhefe je kg Mehl

Helle und leicht salzige Weizenteige: 5 bis 20 g

Leicht süße Hefemischteige: 5 bis 15 g

Schwere (süße) Hefeteige: 15 bis 30 g

Und man kann sie mit entsprechenden Führungen noch weiter verringern. Wie das funktioniert, erfahren Sie bei den backhefereduzierten Teigführungen ab dem Abschnitt „Teigführungen", Seite 37.

Industrielle Herstellung von Hefe

Heute zeichnen sich gute Backhefen vor allem durch eine starke Triebkraft aus. Auch eine geringe Glutenzerstörung durch die Hefeenzyme ist wichtig. So sollen Brotfehler vermieden werden und die Backwaren eine guten Krume erhalten. Diese guten Backhefen gab es aber nicht immer.

Ursprünglich wurden die ersten Backhefen aus den Hefen der obergärigen Biere und den wilden Sauerteighefen gezüchtet. Durch die Züchtung und der damit einhergehenden Spezialisierung haben die Hefen aber einige ursprüngliche und gute Eigenschaften verloren, die die wilden Sauerteighefen zum Teil heute noch besitzen:

> eine gewisse Salz- und Fett-Toleranz und
> die Fähigkeit sich in einem sauren Milieu fortpflanzen und ausreichend gären zu können.

Roggen braucht zusätzlich Säure, um zu einem Brot gebacken werden zu können. Weil die modernen Backhefen aber nur noch eine geringe Säuretoleranz besitzen, verwendet man, wenn man Roggenbrote mit Backhefe und Säure backen will, eine wesentlich größere Menge Hefe. Dies führt aber leider oft zu Unwohlsein, Völlegefühl, Aufstoßen und Sodbrennen – lästige Symptome, unter denen viele Menschen leiden, wenn sie reines Hefe-Roggenbrot essen.

Der Einsatz von echtem Sauerteig mit seinen säuretoleranten wilden Sauerteighefen würde bei Roggenteig Abhilfe schaffen. Leider ist die alleinige Verwendung von echtem Sauerteig in der Handwerks- und Industriebäckerei meist nicht mehr üblich und möglich. Es muss stets mit entsprechender gezüchteter Backhefe im Brotteig nachgesteuert werden.

Tipp:

Oft reicht es, wenn man in Roggenteig saure Flüssigkeiten verwendet, um den Roggen backfähig zu machen: Buttermilch, Sauermolke, Joghurt, einen Esslöffel Kräuteressig oder ähnliches. Optimal ist aber ein eigener Sauerteig.

Von der Starterkultur bis zum Hefewürfel

Der Anfang und das Geschäftsgeheimnis jedes Hefeherstellers ist eine reine Hefekultur als Starter. Die reine Hefekultur wird, da sie nur aus einer einzigen Hefesorte besteht, unter Reinraumbedingungen gezüchtet und gehalten. Deswegen heißt sie auch Reinzuchthefe. Diese Kultur wird nun in mehreren Schritten vermehrt.

Als Zuchtmedium wird in aller Regel eine Lösung aus Wasser und Melasse verwendet. Melasse ist ein honigartiger dunkelbrauner Sirup aus Zucker, der bei der Herstellung von Zuckerprodukten als Nebenerzeugnis anfällt. Melasse enthält ca. 60 % Zucker (Saccharose oder Raffinose). Der Rest sind organische Säuren, Vitamine und etwa 6 % anorganische Salze (Betain etc.). Das Besondere an Melasse ist, dass der Zucker nicht mehr auskristallisieren kann. Früher wurde anstelle einer Zuckerlösung Getreidemehl verwendet. Im Ersten Weltkrieg stellte man aber auf Melasse um, schlichtweg, weil Mehl aus Brotgetreide für die Herstellung von Hefe zu kostbar war.

Um größere Mengen von Hefepilzen herzustellen, werden die geringen Mengen an Starterkulturen in der Biotechnik meist mehrstufig „hoch produziert". Ein einstufiges Verfahren, bei der eine große Menge Melasse mit einer kleinen Menge der Starterorganismen beimpft würde, birgt zu viele Nachteile. So wäre eine großvolumige Anlage nicht nur relativ lang belegt, sondern es ist auch sehr schwer, eine solch große Menge Nährmedium vor ungewollten Fremdkeimen zu schützen. Des Weiteren bilden die Hefen beim Stoffwechsel giftige Substanzen, die durch zusätzliche Reinigungsgänge wieder abgeführt werden müssten.

Die Backhefe-Produktion wird also in mehreren Stufen geführt: von einer Reagenzglaskultur mit 50 ml, über 1 l, 10 l, 40 l, 400 l und 4 m³ (4000 l), bis hin zu Großmengen von 10 m³ und 200 m³.

Die Melasselösung wird zur Sterilisierung mit der 10-fachen Menge Wasser unter Druck aufgekocht, anschließend mit Salzsäure auf ein saures Milieu gebracht und gefiltert. Danach werden Nährsalze (hauptsächlich Ammoniumsalze und Phosphate) sowie Vitamine der B-Gruppe (diese werden für das Hefewachstum benötigt und sind in der Melasse nicht in ausreichender Menge vorhanden) dazugegeben und mittels Natronlauge wieder auf einen neutralen ph-Wert gebracht. Nach der Impfung mit den Starterkulturen wird die Lösung dauerhaft keimfrei be- und durchlüftet. In der Fachsprache heißt das „aerob geführt" (Details siehe: Kapitel „Biologie und Chemie", Seite 20). Durch das Belüften werden auch die anfallenden giftigen Alkohole aus der beimpften Hefe-Melasse-Suppe gelöst. Würde der Alkohol nicht entfernt, würden die Hefen schnell absterben.

Die ersten vier Stufen der Vermehrung bis etwa 40 l werden im Reinraumlabor unter sterilen Bedingungen geführt. Nach etwa einer Woche werden die nächsten drei Stufen (bis zu einer Menge von etwa 10 m³) unter industriellen Bedingungen mit sterilisierten Geräten fortgesetzt. Dies dauert etwa weitere zwei Tage.

Die letzte Stufe kann wegen der großen Melassemenge nicht mehr ausreichend sterilisiert werden. Aus diesem Grund wird sie mit einer recht hohen Menge an Kultur aus der Vorstufe geimpft. Auf diese Art und Weise kann eine Kontamination mit Fremdkeimen sicher ausgeschlossen werden. Wegen der hohen Impfmenge ist die letzte Stufe bereits in rund 8 Stunden reif.

Die Melasse-Hefe-Mischung ist recht dunkel, fast schwarzgrau und wird durch zwei Waschdurchgänge aufgehellt. Die gewaschene Hefemasse kommt anschließend in die Zentrifuge, wo aus der dünnflüssigen Melasse die dickflüssige „Hefesahne" wird (auch „Hefemilch" genannt). So werden in gut zehn Tagen aus wenigen Milligramm Starterkultur eine fast zehn milliardenfache Hefegrundmasse hergestellt, die dann weiterverarbeitet, portioniert und abgepackt wird.

Die weitere Vorgehensweise ist abhängig von der gewünschten Form: Um Hefewürfel zu erhalten, wird die Hefesahne durch Filter gepresst bzw. durch Vakuumdrehfilter entwässert und damit weiter aufkonzentriert. 1 Gramm Presshefe (1 kleine Messerspitze) enthält dann etwa 10 Milliarden lebende Hefepilzzellen. Anschließend wird die teigige Masse durch eine Strangpresse ausgeformt, portioniert und abgepackt. Die Würfel haben ein Gewicht zwischen 42 Gramm (für den Privathaushalt) und 500 g bzw. 2,5 kg für das Bäckerhandwerk.

Aktive Trockenhefe (zum Backen): Die Presshefe wird durch eine Matrize (wie in einem Fleischwolf) zu kleinen Zylindern oder Kugeln gepresst, die dann mit kalter und trockener Luft durcheinandergewirbelt und getrocknet werden (das sogenannte Wirbelschichtverfahren). Diese trockenen Hefekügelchen werden anschließend vorsichtig zerrieben, abgepackt und kommen als Trockenhefe in 7-Gramm-Päckchen in den Supermarkt.

Inaktive Trockenhefe

Die restliche Hefemilch wird mit dem Hefewaschwasser gemischt und im Walzentrockner oder in einer Sprühgefriertrocknungsanlage getrocknet. Dabei geht die enzymatische Aktivität leider völlig verloren. Diese Hefe wird hauptsächlich als Futtermittelzusatz oder für diätetische und kulinarische Zwecke (sogenannte Nährhefe) verwendet (in Pulverform bzw. als Dragees). Mit der abgeschöpften Bierhefe aus den Brauereien wird ebenso verfahren. Das sind dann die Bierhefekapseln, die auch extra für den Verkauf hergestellt werden.

Die Back- und Brotindustrie verwendet meist Hefe in flüssiger Form. Dazu wird die Hefemilch auf die vom Kunden gewünschte Konzentration mit Wasser aufgemischt und anschließend per Tanklastwagen direkt in die Brotfabrik geliefert.

Abfallstoffe bei der Herstellung

Insgesamt fallen bei der Herstellung von Backhefe auf Melassebasis sehr große Mengen organischer und chemischer Reststoffe sowie mikroorganismenhaltiges Hefewasser an, die kostenintensiv als Sondermüll entsorgt werden müssen.

Vielleicht auch ein Grund, die Verwendung von industrieller Backhefe zwar nicht gänzlich in Frage zu stellen, aber die Verwendung mengenmäßig einzuschränken. Wenn das Reduzieren der Abfallmengen auch noch mit enormen Vorteilen für das Gebäck verbunden ist (Geschmack, Haltbarkeit der Backwaren): warum nicht?

Wie geht es weiter?

Die Entwicklung der Backhefe ist natürlich noch lange nicht abgeschlossen. Gärverhalten und fehlende Toleranz der Hefekulturen auf Fette und Säure sind Probleme, an denen gerade gearbeitet wird. Biotechnologisch wird zudem versucht, mit Hilfe der Gentechnik der Hefe Schalter einzusetzen, die zur Bildung von Aromen (z. B. Vanille oder Bittermandel) genutzt werden können. Aromabildung aus Hefekulturen (beispielsweise Erbeeraroma aus Schimmelpilzkultur) ist bereits weit verbreitet, aber noch nicht in Backhefen eingesetzt worden.

>>>>>>>>>> Hefe selbst herstellen

Nachdem wir im letzten Abschnitt den industriellen Weg zur Hefeproduktion angeschaut haben, kommt vielleicht bei dem einen oder anderen Leser der Wunsch auf, seine Backhefe selbst herzustellen.

Ich höre schon Ihre Frage: Ist das schwer? Sie werden erstaunt sein: nein, es ist überhaupt nicht schwer. Denn so ähnlich, wie man einen eigenen Sauerteig herstellen kann, so kann man auch seine eigene Backhefe produzieren. Die Utensilien dafür sind überschaubar und zum Teil in jedem Haushalt vorhanden. Einige wenige Zutaten und Geräte muss man kaufen. Man bekommt sie aber gut im Internetfachhandel, bei landwirtschaftlichen Genossenschaften, Hobbyläden und Apotheken.

Aber in einem unterscheidet sich die selbstgemachte Hefe von den gekauften Hefewürfel: die festen Hefewürfel sind ein Produkt der Backmittelindustrie, die wir im Haushalt nicht wirklich komplett nachahmen können.

Wir werden, wenn wir die Hefe selbst herstellen, eine Hefeform bekommen, die früher verbreitet war: die Flüssighefe. Man kann Behältnisse für Flüssighefe heute noch in Museen bewundern: Die sahneähnliche Hefe zum Backen wurde früher in sogenannten Hefekännchen aufbewahrt.

Die Anleitung „Eigene Hefe“ habe ich in zwei Schritte aufgeteilt:

> Schritt 1: Wir wollen die Hefe ganz von Anfang an ziehen (also mit eigenem Hefestamm) und
> Schritt 2: Wir wollen nur die reine Hefevermehrung eines vorhandenen oder gekauften Hefestammes vornehmen.

Einen eigenen Hefestamm ziehen – so geht's

Das Selbstziehen von wilden Hefen aus Sultaninen, Rosinen oder getrockneten Aprikosen ist für Menschen mit einer Unverträglichkeit auf Industriehefe eine gute Möglichkeit, Hefebrot zu backen, das sie gut vertragen. Das Verfahren ist jahrhundertealt und bewährt, aber in der heutigen Zeit ein wenig in Vergessenheit geraten.

Was wird benötigt?

> 1 Erlenmeyerkolben 250 ml oder alternativ geht auch eine durchsichtige Flasche (0,25 l) mit einem weitem Hals
> 1 Stofftaschentuch (aus Baumwolle, direkt vor dem Gebrauch frisch sehr heiß von beiden Seiten gebügelt)
> 1 Geschirrtuch (aus Baumwolle, direkt vor dem Gebrauch frisch sehr heiß von beiden Seiten gebügelt)
> 1 Faden oder Gummiring zum Fixieren des Taschentuchs über der Kolbenöffnung
> 1 kleiner Kochtopf
> 15 g Melasse (aus Zuckerrohr oder Zuckerrübe, ca. 1 Esslöffel)
> 300 ml destilliertes Wasser oder stilles Mineralwasser
> 1 Esslöffel ungewaschene und (unbedingt ungeschwefelte!) Rosinen, Sultaninen oder alternativ eine halbe getrocknete und (unbedingt ungeschwefelte!) Aprikose (Die Packung erst unmittelbar vor Gebrauch öffnen und die Früchte mit einem sauberen Löffel, nicht mit den Fingern entnehmen!)

Erlenmeyerkolben, Glastrichter und Glasstäbe (aus dem Fachhandel oder der Apotheke)

Erlenmeyerkolben gibt es im Fachhandel oder in der Apotheke. Melasse findet man im Naturkostfachhandel (oder natürlich bei mir, also bei isaak naturkost). Man kann aber auch gut Agavendicksaft, Dinkelsirup oder Birnendicksaft verwenden.

Weil wir es bei der Backhefeproduktion mit wilden Hefen zu tun haben, die viele sehr starke Feinde haben (Schimmel, Bakterien, Viren), müssen wir extrem sauber arbeiten. Da reicht es nicht nur, die Hände zu waschen, sondern alle Utensilien müssen nahezu steril sein. Zumindest so gut wie möglich.

STERILISIEREN DES ERLENMEYERKOLBENS

Zuerst wird der Erlenmeyerkolben sterilisiert. Idealerweise füllen Sie den Kolben zur Hälfte mit Leitungswasser und stellen ihn in einen Schnellkochtopf, bei dem der Boden mindestens 5 cm hoch mit Wasser bedeckt ist. Dann 10 Minuten unter Druck kochen lassen. Alternativ können Sie den Kolben, ebenfalls halb gefüllt, mit Wasser in eine Mikrowelle stellen und bei höchster Wattstufe ca. 10 Minuten das Wasser kochen lassen. Wenn das Wasser vorher verkocht ist, beenden Sie die Sterilisation. Wenn Sie eine normale Glasflasche verwenden, müssen

Sie vorsichtig die Temperatur steigern, da die Flasche sonst platzen könnte. Die dritte Möglichkeit ist der normale Backofen: Den Kolben, auch hier halb gefüllt mit Wasser, auf ein Blech auf der untersten Schienen in den kalten Ofen stellen und 30 Minuten bei 150 °C das Wasser im Kolben kochen lassen. Lassen Sie danach den Kolben abgedeckt mit dem heiß gebügelten Taschentuch (über der Öffnung) abkühlen.

HERSTELLEN DER NÄHRLÖSUNG

Während der sterilisierte Kolben abkühlt, geben Sie das destillierte oder stille Wasser mit der Melasse in einen Kochtopf und kochen es einmal stark auf. Die Melasse soll sich gleichmäßig im Wasser auflösen. Danach so lange einkochen lassen, bis etwa die Hälfte verkocht ist. So wird die Melasselösung sterilisiert. Unter dem frisch gebügelten Geschirrtuch abkühlen lassen. Inzwischen ist das Wasser im Kolben kalt und wird abgeschüttet. Die abgekühlte Melasselösung aus dem Topf vorsichtig in den Kolben gießen. Die Lösung wird im Kolben nochmals sterilisiert, indem die Lösung in die Mikrowelle gestellt und dort 1 Minute zum Aufkochen gebracht wird. Alternativ den Erlenmeyerkolben in den kalten Ofen stellen und dort die Melassemischung zum Kochen bringen. 2 bis 3 Minuten Aufkochen reichen.

ANSETZEN DES HEFESTAMMS

Die Lösung wird dann aus dem Ofen oder der Mikrowelle herausgeholt und kühlt erneut unter dem Taschentuch ab. Wenn die Lösung ganz abgekühlt ist, geben Sie die Rosinen bzw. die halbe Aprikose dazu. Die Trockenfrüchte-Packung erst unmittel-

1. Der Hefestamm wurde frisch angesetzt mit zwei halben getrockneten Aprikosen.

2. Hefestamm nach 1–2 Tagen: Vorne in der Lösung erkennt man gut die aufgequollenen Aprikosen. Am Rand der Flüssigkeit ist die erste Hefe als leichter weißer Strich erkennbar.

3. Hefestamm nach 2–3 Tagen: Deutlich sichtbar die Hefe als weiße Schicht auf der Lösung am Glasrand.

4. Der Hefestamm (weißer Schaum) ist nach 4–5 Tagen reif.

bar vor Gebrauch öffnen und die Früchte mit einem sauberen Löffel, nicht mit den Fingern entnehmen. Nur ganz kurz das Taschentuch öffnen, die Trockenfrüchte zugeben und sofort wieder verschließen. Zur Fixierung binden Sie das Taschentuch nun mit dem Faden oder dem Gummiring an den Kolben fest. Einmal den Kolben gut umschwenken.

Stellen Sie den Kolben dann in den Backofen, bei dem Sie nur das Licht eingeschaltet haben. Sollte Ihr Backofen diese Funktion nicht haben, so können Sie eine mit heißem Wasser gefüllte Wärmflasche in den Backofen legen. Einmal täglich die Wärmflasche erneut mit heißem Wasser füllen. Im Sommer können Sie den Kolben auch in einem warmen Zimmer aufbewahren, bitte aber nicht in der Sonne - dort ist es viel zu heiß. Im Winter geht auch ein Heizkörper, auf dem Sie 2–3 aufeinander gestellte Teller zur Temperaturdämpfung stellen und darauf den Kolben. Wir benötigen, ähnlich wie beim Sauerteig, eine Temperatur von ca. 24 °C. Die Temperatur darf aber nicht über 30 °C steigen.

In den nächsten 4–5 Tagen schwenken Sie den Kolben mit der Melasselösung und den Rosinen vier- bis fünfmal täglich, so dass die Mischung gut umgewälzt wird. Es wird sich langsam auf der Oberfläche eine dünne weiße Schicht bilden, die ein wenig an Schimmel erinnert, aber nicht so schnell wächst und auch keine langen Haare bekommt.

Wenn sich dagegen ein sichtbarer Schimmelrasen (mit deutlichen Haaren) bildet oder der Ansatz farbig wird (rot, grün, blau etc.) ist das Experiment misslungen. Werfen Sie den Inhalt des Erlenmeyerkolbens weg und beginnen Sie nach einer gründlichen Reinigung wieder von vorne. Nach mehreren misslungenen Versuchen sollten Sie Früchte eines anderen Herstellers verwenden.

Herzlichen Glückwunsch, nun haben Sie Ihre erste eigene Hefekultur. Es ist nur ganz wenig, aber dafür werden wir sie im nächsten Schritt vermehren. Vorerst stellen Sie den Erlenmeyerkolben (verschlossen mit dem festgebundenen Taschentuch über der Öffnung) in den Kühlschrank. Wir beginnen nun damit die Hefe zu vermehren.

Hefe vermehren – so geht's

Was wird benötigt?

- 1 weiterer Erlenmeyerkolben 500 ml oder alternativ eine durchsichtige Flasche (0,5 l) mit weitem Hals
- 1 Glasstab 300 mm (mindestens 50 mm länger als der Kolben hoch ist)
- 1 Stofftaschentuch (aus Baumwolle, direkt vor Gebrauch sehr heiß von beiden Seiten gebügelt)
- 1 Geschirrtuch (aus Baumwolle, auch direkt vor dem Gebrauch sehr heiß von beiden Seiten gebügelt)
- 1 Faden zum Fixieren des Taschentuchs über der Kolbenöffnung
- 1 kleiner Topf
- 1 Glastrichter zum Filtern
- 15 g Melasse (aus Zuckerrohr oder Zuckerrübe, ca. 1 Esslöffel)
- 300 ml destilliertes Wasser oder stilles Mineralwasser (für die Melasselösung)
- eigene Hefe aus dem oberen Abschnitt oder alternativ 1 g Reinzuchthefe (Bier oder Wein) oder normale Frischhefe (Würfel)
- 300 ml destilliertes Wasser oder stilles Mineralwasser (zum Verdünnen der Melasselösung vor dem Filtrieren)

Wenn Sie erst hier einsteigen, so besorgen Sie sich bitte aus dem Fachhandel oder aus der Apotheke Reinzuchthefe. Für das Vermehren und anschließende Brotbacken ist es fast egal, ob Sie Bier- oder Weinhefe bekommen. Reinzuchthefen für die Bierherstellung wäre (wenn Sie auswählen können) aber die bessere Wahl. Zur Not tut es auch eine kleine Ecke Frischhefe eines Hefewürfels.

Erlenmeyerkolben gibt es im Fachhandel oder in der Apotheke. Melasse findet man im Naturkostfachhandel (oder natürlich bei mir, also bei isaak naturkost). Man kann aber auch gut Agavendicksaft, Dinkelsirup oder Birnendicksaft verwenden.

Ab Seite 170 finden Sie Bezugsquellen zu allen benötigten Utensilien.

VERMEHRUNG DES HEFESTAMMES

Der Erlenmeyerkolben wird wie auf Seite 28 beschrieben sterilisiert. Auch die Nährlösung wird wie beschrieben hergestellt. Als nächstes müssen wir den Glasstab sterilisieren. Dazu stellen wir ihn aufrecht in einen Topf halbvoll mit Wasser auf den Herd und lassen das Wasser 20 Minuten sprudelnd kochen. So wird der untere Teil des Stabes steril. Sie müssen nun aufpassen, dass Sie künftig die beiden Seiten des Glasstabes nicht verwechseln. Fassen Sie bitte nur den oberen, unsterilisierten Teil des Stabes an und achten Sie darauf, dass Sie nicht mit der sterilisierten Seite aus Versehen etwas berühren. Nach dem Abkochen lassen Sie bitte Topf und Wasser mit Glasstab unter einem frisch gebügelten Geschirrtuch abkühlen.

Wenn anschließend Nährlösung und Glasstab abgekühlt sind, holen Sie den Hefeansatz aus dem Kühlschrank. Öffnen Sie kurz das Glas mit dem Hefeansatz aus dem

1. Der Hefeansatz wurde frisch mit Hefe aus dem Starter geimpft.

4. Hefestamm nach ca. 3 Tagen Vermehrung.

2. Hefeansatz nach 1 Tag Vermehrung.

3. Hefestamm nach ca. 2 Tagen Vermehrung.

5. Hefestamm nach ca. 4 Tagen Vermehrung.

6. Die Hefelösung (Hefesahne) ist nach 5 Tagen reif.

Kühlschrank, streichen Sie mit dem sterilen Teil des Glasstabes durch die weißen Hefeschicht (es muss nicht wirklich viel sichtbar hängenbleiben) und rühren Sie damit die Nährlösung im neuen Kolben durch. Den Hefeansatz aus dem Kühlschrank verschließen Sie bitte wieder umgehend und stellen ihn sofort wieder in den Kühlschrank. Er ist dort bis zu 6 Monate haltbar und kann immer wie beschrieben weiter vermehrt werden.

Wenn Sie keinen eigenen Hefeansatz hergestellt haben und mit Reinzuchthefe oder einem kleinen Stückchen Frischhefe impfen wollen, streifen Sie bitte mit dem Glasstab durch die gekaufte Reinzuchthefe. Ist die Reinzuchthefe flüssig, lassen Sie 2–3 Tropfen in die Nährlösung fallen. Bei Frischhefe streichen Sie einmal über den Hefewürfel, sodass etwas am Glasstab hängenbleibt. Es reichen mikroskopisch kleine Spuren der Startlösung oder der gekauften Zuchthefe! Danach rühren Sie bitte die Nährlösung im Kolben gut durch und verschließen den Kolben wieder mit dem Taschentuch.

Stellen Sie den Kolben dann in den Backofen, bei dem Sie nur das Licht eingeschaltet haben. Sollte Ihr Backofen diese Funktion nicht haben, können Sie eine mit heißem Wasser gefüllte Wärmflasche in den Backofen legen. Einmal täglich die Wärmflasche erneut mit heißem Wasser füllen. Im Sommer können Sie den Kolben auch in einem warmen Zimmer aufbewahren, bitte aber nicht in der Sonne – dort ist es viel zu heiß. Im Winter geht auch ein Heißkörper, auf dem Sie 2–3 aufeinander gestellte Tellern zur Temperaturdämpfung stellen und darauf den Kolben. Wir benötigen, ähnlich wie beim Sauerteig, eine Temperatur von ca. 24 °C. Die Temperatur darf aber nicht über 30 °C steigen.

In den nächsten 4–5 Tagen schwenken Sie bitte den Kolben mit der Melasselösung vier- bis fünfmal täglich, so dass die Mischung gut umgewälzt wird. Beim Umschwenken darf es gerne auch etwas schäumen, aber nicht das Tuch an der oberen Öffnung benetzen. Die Lösung wird moussieren und langsam wird sich auf der Oberfläche eine erst dünne, später dickere weißliche Schicht bilden, die ein wenig an Schimmel erinnert, aber nicht so schnell wächst und auch keine langen Haare bekommt. Wenn sich dagegen ein sichtbarer Schimmelrasen (mit deutlichen Haaren) bildet oder der Ansatz farbig wird (rot, grün, blau etc.) ist das Experiment misslungen. Werfen Sie den Inhalt des Erlenmeyerkolbens weg und beginnen Sie nach einer gründlichen Reinigung wieder von vorne.

HEFESAHNE GEWINNEN

Nun haben Sie Ihre eigene Hefe, die Sie (je nach Anfang) aus wilden Hefen aus Trauben oder aus Hefestarter (Reinzuchthefe bzw. Bäckerhefe) selbst gezogen haben. Jetzt muss man die Hefe nur noch konzentrieren. Dazu wird erst die Melasse-Hefe-Lösung zur sogenannten „Hefesahne“ verdünnt. Geben Sie die zweiten 300 ml Wasser in den Kolben und schwenken Sie die Lösung vorsichtig. Zum Filtern nehmen Sie den Glastrichter mit einem eingelegten, gebügelten Baumwolltaschentuch (Filterpapier ist zu dicht). Ist die Flüssigkeit zu dick, um durch das Tuch zu laufen, geben Sie gerne noch weiteres Wasser in den Filter dazu. Es dauert etwas, aber Sie können das Filtrieren etwas beschleunigen, wenn sie regelmäßig mit einem kleinen Löffel umrühren und den Satz zur Seite kratzen. Wenn nur noch dickliche „Hefesahne“ übrig bleibt und keine Hefemilch mehr abfließt, ist das Filtern beendet. Die durchlaufende Hefemilch (die braungräuliche Flüssigkeit) schütten Sie weg, die übrigbleibende dickliche Hefesahne geben Sie aus dem Filter in ein kleines Schälchen und stellen es unter einer Frischhaltefolie in den Kühlschrank. Sie hält einige Zeit (ca. 10 Tage) und die Menge reicht gut für 5–8 Brote à 1,5 kg.

Wenn die Hefe aufgebraucht ist, so setzen Sie aus der selbstgezogenen Kultur einfach neue eigene Bäckerhefe an.

Herzlichen Glückwunsch! Nun haben Sie Ihre ganz eigene Backhefe hergestellt. War es schwer? Nun, vielleicht etwas zeitaufwändig, aber das Ergebnis macht Sie sicher stolz.

HEFE TROCKNEN

Zur Aufbewahrung stehen Ihnen neben der Kühlung vor allem das Trocknen und das Einfrieren zur Verfügung: Sie können die Hefesahne ganz dünn auf Backpapier streichen und dann einfach an der Luft trocknen lassen. Benutzen Sie bitte nicht den Ofen zum Trocknen. Die Hitze würde die Hefepilze sofort abtöten. Wenn die aufgestrichenen Hefe durchgetrocknet ist, geben Sie sie zerbrochen in ein sauberes und trockenes Marmeladenglas. Bitte beschriften Sie das Glas gut (damit Sie es von getrocknetem Sauerteig unterscheiden können). So hält die Hefe bis zu zwei Jahre. Zur Verwendung weichen Sie einfach die Hefeflocken in wenig kühlem Wasser ein. Nachdem die Hefe sich aufgelöst hat, können Sie 1 Esslöffel Mehl dazugeben und wie einen Vorteig verwenden.

HEFE EINFRIEREN

Eine andere Möglichkeit der Aufbewahrung ist das Einfrieren. Dazu hat sich die Verwendung einer Muffinform mit eingelegten Papierförmchen bewährt. In jede Papierform geben Sie etwas Hefe und stellen die Form in den Gefrierschrank. Ist die Hefe gefroren und fest, schließen Sie das Papier mit einem Gummiband. Sie können die verschlossenen Förmchen nun zusammen in einen Gefrierbeutel geben und etwa 6–9 Monate aufbewahren.

Zur Verwendung holen Sie ein Muffintütchen heraus und geben die gefrorene Hefemasse in ein kleines Glas mit etwas kaltem Wasser. Warten Sie nicht mit dem Herausholen, bis die Hefe aufgetaut ist – sie wird sehr flüssig und ist nicht wirklich gut zu handhaben. Nachdem die gefrorene Hefe aufgetaut ist und sich mit der Flüssigkeit vermischt hat, können Sie daraus mit etwa 1 Esslöffel Mehl einen Vorteig ansetzen.

Die selbstgemachte Hefe ist, da sie nicht so triebstark wie gekaufte Turbohefe ist, besonders gut verwendbar für die lange, kalte Führung in diesem Buch, die Hefe-Salz-Führung und den indirekten Hefevorteig.

Teig-führungen

>>>>>>>>>>> Allgemeines

Für den Anfänger mag es erstaunlich sein, dass ein Teig geführt werden soll. Denn eigentlich stellt man sich als Laie vor, dass Mehl, Wasser und Salz und ggf. Hefe oder Sauerteig nur einfach geknetet und in Form gebracht und nach einer Gehzeit anschließend zu einem Brot gebacken werden. Eigentlich ist das auch richtig. Aber in der „Hohen Schule“ kommt man ohne Teigführungen nicht aus. Nur auf diese Art und Weise bekommt der Teig die gewünschten zusätzlichen Eigenschaften (Geschmack, Konsistenz, Backfähigkeiten) der Kruste und der Krume, die im „Schnellverfahren“ nicht zu erzielen sind.

Anfänger im Brotbacken beginnen erfahrungsgemäß meist mit einem einfachen Hefeteig ohne Vorteig. Hier lernen sie die ersten Schritte und haben die ersten Erfolge.

Zwar ist ein einfacher direkt geführter Hefeteig (also ohne Vorteig) schnell gemacht und man lernt an ihm auch viele Techniken des Brotbackens, er hat dabei jedoch eine Menge Nachteile, die durch den Vorteil der schnellen Herstellung nicht wirklich aufgewogen werden: zwar ist er schnell angesetzt und auch (mit größeren Hefemengen und warm geführt) schnell backfertig, aber das Gebäck wird hinterher ebenso schnell wieder trocken und hart. Man sagt auch: altbacken. Für das schnell benötigte Weißbrot zur nächsten Mahlzeit oder die eiligen Brötchen am Morgen mag es also ausreichen. Aufbewahren lassen sich diese Backwaren nicht wirklich. Warum? Weil dem Teig die Zeit fehlt, genug zu reifen und zu fermentieren. Die Stärke kann nicht ausreichend Feuchtigkeit aufnehmen und es können sich nur wenig Geschmacksstoffe herausbilden. Solch ein Brot hat deshalb recht wenig Geschmack, sodass mit Brotgewürz nachgesteuert werden muss. Auch mit Salz wird gerne nachgebessert, da das Brot dann etwas aromatischer schmeckt.

Als Alternative bieten sich Vorteige an, vor allem die Hefevorteige. Dabei wird ein Teil des Mehles mit einer größeren Menge Flüssigkeit angesetzt. Dieser Vorteig wird mit einer geringen Menge Hefen geimpft. Bei kurzen Vorteigen reift Hefevorteig recht warm bei 25 bis 28 °C.

Für eine längere Führung (bis zu 8 Tagen) wird der Hefevorteig anfänglich auch warm, dann aber kühl (bei ca. 5 bis 10 °C) im Kühlschrank gehalten. Bei dieser kühlen Temperatur wird die Hefeaktivität gebremst. Die Kühlung schützt den Teig auch vor Schimmel und sonstigem Verderben.

Hebl, Dampferl, Poolish

Hefevorteig wird international unterschiedlich bezeichnet. In Deutschland heißt er rein technisch „Hefevorteig“, in der Schweiz nennt man ihn „Hebl“ oder „Heberl“, die Österreicher, die zur Hefe „Germ“ sagen, bezeichnen den Vorteig als „Dampferl“. Im englischsprachigen Raum (auch den USA und Kanada) ist es das „Poolish“ und der Franzose sagt „Pâte fermentée“.

Eine weitere Form der Hefeführung ist die Hefe-Salz-Führung, bei der die Hefe einer Salzlösung ausgesetzt wird. Gerade Brötchen gewinnen so enorm. So kann nicht nur eine „wolkige" Krume, sondern auch eine besonders blättrige und knusprige Kruste erzielt werden.

Hefevorteige sind eigentlich moderne Formen des „unsauren" Sauerteiges, bei dem anstelle des Anstellgutes (aus der Sauerteigführung) nun Backhefe verwendet wird und der Vorteig nicht sauer wird. Weil aber dem Hefevorteig die schützende Säure fehlt, ist der Hefevorteig leider nicht dauerhaft vor einer Fremdverkeimung geschützt, wie es beispielsweise ein Sauerteig wäre. Aus diesem Grund ist eine fortdauernde Führung über mehrere Wochen und Monate nicht möglich.

Teigführungen haben auch weitere Vorteile für unsere Gesundheit: Während der Teigführung werden beispielsweise schädliche Substanzen im Getreidemehl abgebaut. „Schädliche Substanzen im Mehl?" Ja, das gibt es. Das Getreide hat nämlich kein Interesse, dass das Korn von anderen Lebewesen einfach so gefressen wird. Seit relativ kurzer Zeit ist zu den wesentlich älteren tierischen und pflanzlichen „Schädlingen" und Fressfeinden auch der Mensch gekommen.

Das Getreidekorn selbst dient aber eigentlich nur dem Fortbestand des Getreides. Wird es von Pilzen, Bakterien, von Tieren oder dem Mensch verspeist, so ist es zerstört und verloren und die Fortpflanzung nicht mehr möglich. Es gibt dann keine neue Generation aus diesem Korn mehr. Sind auch alle anderen Getreidekörner in der Nachbarschaft aufgefressen worden, so kann es sein, dass an diesem Ort das Getreide ganz ausstirbt.

Überlebt haben in der Vergangenheit aber immer die Lebewesen, die sich gegen das Fressen erfolgreich wehren konnten. Beispielsweise, indem sie durch natürliche Veränderungen (Mutationen) ein Gift zur Abwehr einsetzen. Das einzelne gefressene Korn war dann zwar auch verloren, aber von den benachbarten Getreidekörnern haben welche überlebt, da der Fressfeind die Lust oder den Appetit verloren hatte. Das Gift im Erbgut wird dann vom nicht gefressenen Korn weitergegeben. Für die Zukunft hat der Fressfeind das Korn meist sogar gänzlich gemieden. Damit ist der Bestand an diesem Ort also gesichert.

Dieses Fraßschutzgift gibt es wirklich. Es ist das „Phytin". Immer wieder wird vor Vollkornprodukten gewarnt, da sie nicht nur schlecht für den menschlichen Organismus seien, sondern uns auch wichtige Spurenelemente aus dem Körper rauben. Das stimmt sogar. Die Phytinsäure kann in frischem Vollkornmehl bei Menschen zu heftigen Magen- und Darmproblemen führen. Phytin wird aber entweder mit Säure (besonders beim Roggen mit Roggensauerteig) oder durch Keimung des Kornes bzw. Fermentation (bei Weizen-, Einkorn-, Emmer- und Dinkelvollkornmehlen) wieder abgebaut. Dies ist ein weiterer wichtiger Grund, Vorteige einzusetzen: Backwaren aus Vollkornmehl werden bekömmlich, denn frisches Vollkornmehl ohne Vorteig kann Probleme machen.

Unterschiedlich lange Teigführungen

Bei „Teigführungen" unterscheidet man zum einen den Zeitaufwand (lange Teigführung, kurze Teigführung) und auch die gezielte Beeinflussung durch Temperatur, Festigkeit und Zutaten. Grundsätzlich gilt:

Geht ein Teig bei einer Temperatur von ca. 27 °C, wird vor allem die Hefetätigkeit (Vermehrung und Gärung) gefördert. Eine Temperatur um 11 °C hat den stärksten Einfluss auf Porung und Aussehen des Gebäcks. Zwischen 5 und 8 °C ist die Hefe zwar weitgehendst inaktiviert, aber die Enzymtätigkeit ist am stärksten. Dies wird gezielt eingesetzt, um durch Fermentation durch Enzyme besonders viel Geschmack

Teigführungen im Vergleich

	Hefeteig direkt	kurze Hefevorteigführung
ideal für	schnelle Brötchen	helle Brote
Reifezeit Vorteig	keine (kein Vorteig), nur in der Teigruhe: 10 Min.	0,5–1 Std.
Temperatur	25–28 °C	25–28 °C
Mehlanteil im Vorteig (von der gesamten Mehlmenge)	100 %	50 %
Teigausbeute Vorteig	160–165 % TA	150–170 % TA
d. h. auf 500 g Mehl im Vorteig kommen	300–325 ml Wasser	250–350 ml Wasser
Frischhefe: Hefeanteil, bezogen auf die gesamte Mehlmenge	6–8 %	3 %
Frischhefemenge, d. h. auf 500 g Mehl gesamt kommen	30–40 g Frischhefe	15 g Frischhefe
eigene selbstgezogene Hefe verwendbar?	nein	nein
eigene selbstgezogene Hefe: Anteil, bezogen auf die gesamte Mehlmenge		
Menge eigene selbstgezogene Hefe, d. h. auf 500 g Mehl gesamt kommen		
Auswirkung	sehr schnelle Verfügbarkeit	Beschleunigung der Teigreife, Hefereduzierung

in das Gebäck zu bekommen. Unter + 2 °C im Kühlschrank ist auch die Enzymtätigkeit zum großen Teil eingestellt.

In diesem Buch sind einige unterschiedliche Hefeteigführungen als Vorteige genauer behandelt. In den nächsten Kapiteln werden nun die unterschiedlichen Hefe- und Vorteige, sowie die entsprechenden Führungen aufgezeigt.

verlängerte Hefevorteigführung	lange, kalte Führung einfach	lange, kalte Führung doppelt
mitteldunkle Brote	dunkle und Vollkornbrote	Vollkornbrote, die lange halten sollen
2–4 Std.	18–24 Std. (ab 15 Std.: im Kühlraum)	18–24 Std. (ab 15 Std.: im Kühlraum) Hauptteig: 24–72 Std. (ab 2 Std.: im Kühlraum)
25–28 °C	22–25 °C (ab 15 Std. 5–10 °C)	22–25 °C (ab 15 Std.: 5–10 °C) Hauptteig: 22–25 °C (ab 2 Std.: 5–10 °C)
20–40 %	10–20 %	10–20 %
160–200 % TA	150–160 % TA	150–160 % TA
300–500 ml Wasser	250–300 ml Wasser	250–300 ml Wasser
1 %	0,1–0,2 %	0,05–0,1 %
5 g Frischhefe	0,5–1 g Frischhefe	0,25–0,5 g Frischhefe
ja	ja	ja
5 %	1 %	0,5–1 %
25 g/ml eigene Hefe	5 g/ml eigene Hefe	2,5 g/ml eigene Hefe
Hefevermehrung, dehnbare bindige Krume	Hefevermehrung, dehnbare bindige Krume, Haltbarkeit, Fermentation, Aroma	Hefevermehrung, dehnbare bindige Krume, Haltbarkeit, Fermentation, Aroma, Feuchtigkeit

>>>>>>>>>>> Hefeteig einfach (direkt)

Wir behandeln in diesem Abschnitt den einfachen direkten Hefeteig, wie er in vielen Backbüchern beschrieben ist. Bei der Recherche ist mir aufgefallen, dass in den Beschreibungen meist die Begriffe „schnell“ oder „Ruckzuck“ auftauchen. Damit das gelingt, werden recht hohe Hefemengen verwendet. Unsere eigene und selbsthergestellte Hefe ist hierfür nicht geeignet, da zur Führung des Teiges wirklich eine konzentrierte Turbohefe benötigt wird. Auch ist ein solches Vorgehen grundsätzlich nicht empfehlenswert, weil die Nachteile gegenüber der schnellen Führung überwiegen.

Vor- und Nachteile des direkten Hefeteigs

Der Vorteil dieser Führungsform ist, dass der Teig recht schnell backfertig ist und somit frische Brötchen oder ein frisches Brot zur Verfügung stehen. Dafür muss man aber mehrere, zum Teil erhebliche Nachteile in Kauf nehmen. Zum einen, dass sich durch die kurze Führungszeit der Geschmack nur unzureichend herausbilden kann. Nur wenn der Teig lange genug die Möglichkeit hat, zu fermentieren, wird er einen intensiven und guten Brotgeschmack bilden. Wegen der kurzen Führungszeit werden große Hefemengen benötigt. Üblich sind bis zu 10 % Hefe (immer bezogen auf die Mehlmenge). Das macht sich im intensiven und oft störenden Hefegeschmack bemerkbar. Mag der Geschmack nach Hefe in typischen Hefebackwaren, wie Hefezopf oder Dampfnudeln noch gewünscht sein, so ist aber ein penetranter Hefegeschmack in Broten oder Brötchen in der Regel inakzeptabel.

Letztendlich wird das Backwerk auch nur kurz lagerfähig sein, da dem Teig vor dem Backen ausreichend Zeit fehlte. Stärke und Schalenbestandteile konnten nicht ausreichend lange im Wasser aufquellen. Deshalb entzieht die Stärke selbst noch nach dem Backen dem Brot weiter Feuchtigkeit. Das Brot wird schnell trocken und damit hart. Besonders bei Vollkornbrot, also bei Mehlen mit hohem Schalenanteilen und schnellen Hefeführungen wird das deutlich: Das Brot ist meist schon nach dem Backen strohig, krümelig und trocken bzw. fest. Das Anschneiden ist schwierig, da das Brot krümelt, auseinanderbricht und später schnell hart wird.

Der direkte Hefeteig wird in Bäckereien heute in aller Regel für die Herstellung von Brötchen angewandt. Ein Vorteig wird meist nicht mehr angesetzt. Bei der

Im Detail:

Reifezeit: keine (kein Vorteig), nur in der Teigruhe 10 Minuten
Temperatur: 25–28 °C
Mehlanteil: 100 % der gesamten Mehlmenge (da ohne Vorteig)
Teigausbeute: 160–165 % TA (d. h. auf 500 g Mehl kommen 300–325 ml Wasser)
Hefeanteil: 6–8 % (bezogen auf die Mehlmenge gesamt)

Verwendung von Backmischungen aus der Backmittelindustrie wäre ein Vorteig auch kaum mehr möglich. Die Backmischungen aus den Papiersäcken werden einfach mit Wasser, Frischhefe und gegebenenfalls etwas Fett zum Brötchenteig geknetet und bereits nach kurzer Standzeit abgeteilt, geformt, gehengelassen und gebacken.

Anleitung schneller direkter Hefeteig (Brötchen)

Für 10 schnelle Brötchen
500 g Weizenmehl Type 550
325 ml Wasser (mehr kühl als lauwarm)
30 g Frischhefe (= ¾ Hefewürfel)
10 g Salz

ZUBEREITUNG
Alles gut vermischen, dann ca. 10 Minuten kneten (mit der Hand) oder 5 Minuten kneten (mit der Maschine). 10 Minuten ruhen lassen. Erneut 10 bzw. 5 Minuten kneten. 10 Teile abtrennen und je zu einem Oval flach drücken. 5 Minuten unter einem Tuch entspannen lassen, dann von der kurzen Seite aus aufrollen. Die Spitzen zusammendrücken. Unter einem Tuch mit dem Aufrollrand nach unten 20 Minuten warm gehen lassen. Teiglinge umdrehen, sodass der Rand vom Aufrollen nun oben liegt. Erneut 20 Minuten warm gehen lassen. Oben mit einem scharfen Messer von Spitze zu Spitze tief (ruhig bis zur Mitte) einschneiden. Im vorgeheizten Ofen bei 220 °C (Ober-/Unterhitze) ca. 20 Minuten goldbraun backen.

Anleitung schneller direkter Hefeteig (Baguette)

Für 2 schnelle Baguettes
500 g Weizenmehl Type 550
325 ml Wasser (mehr kühl als lauwarm)
30 g Frischhefe (= ¾ Hefewürfel)
10 g Salz
Mehl zum Bestäuben

ZUBEREITUNG
Alles gut vermischen, dann ca. 10 Minuten kneten (mit der Hand) oder 5 Minuten kneten (mit der Maschine). 10 Minuten ruhen lassen. Erneut 10 bzw. 5 Minuten kneten. Zu einem Rechteck flach drücken. 5 Minuten unter einem Tuch entspannen lassen, dann von der langen Seite aus aufrollen. In der Mitte halbieren. Die Spitzen zusammendrücken. Unter leichtem Druck auf der bemehlten Arbeitsfläche zu 2 gleich langen Baguettes rollen. Unter einem Tuch mit dem Aufrollrand nach unten 20 Minuten warm gehen lassen. Teiglinge umdrehen, sodass der Aufrollrand nun oben liegt. Erneut 20 Minuten warm gehen lassen. Oben mit einem scharfen Messer in je 3 leicht schrägen Längsschnitten tief (ruhig bis zur Mitte) einschneiden. Im vorgeheizten Ofen bei 220 °C (Ober-/Unterhitze) ca. 30 Minuten goldbraun backen.

Sie merken: Die Rezepte sind wirklich schnell. Vom Mischen bis zum fertigen Backwerk vergehen nur zwischen 1 ½ und 2 Stunden. Wenn Sie aber einen Hefevorteig benutzen, können Sie weniger Hefe verwenden, das Backwerk wird erheblich geschmackvoller und hält auch länger. Mehr dazu im nächsten Kapitel.

>>>>>>>>>>> Kurze Hefevorteigführung

Anders als beim direkten Hefeteig wird bei dem hier behandelten Teig ein Vorteig verwendet. Vorteig bedeutet, dass eine bestimmte Menge Mehl und Wasser mit Hefe zusammen angesetzt wird. Der Vorteil des Vorteiges liegt darin, dass der Backhefe Zeit gegeben wird, sich zu entwickeln. Sie wird sich vor allem vermehren (Fortpflanzung), aber auch die zur Verfügung gestellte Stärke verstoffwechseln. Auch hat das Mehl zusätzlich etwas Zeit Feuchtigkeit aufzunehmen. Leider aber nicht genug.

Es gibt unterschiedliche Arten der Vorteigführung. Der kurze Hefevorteig hier ist die Führungsform, die den größten Anteil an Mehl verwendet und die kürzeste Zeit benötigt. Der kurze Hefevorteig beseitigt die größten Probleme gegenüber dem direktem Hefeteig. So wird die Hefemenge reduziert, damit der Geschmack nicht unter einem zu starkem Hefegeschmack leidet. Die Zubereitungszeit verlängert sich ferner um 1 Stunde auf etwa 2 ½ bis 3 Stunden.

Kurzer Hefevorteig im Detail:

Reifezeit: 30 Minuten bis 1 Stunde
Temperatur: 25–28 °C
Mehlanteil: 50 % der gesamten Mehlmenge
Teigausbeute: 150–170 % TA (d. h. auf 500 g Mehl im Vorteig kommen 250–350 ml Wasser)
Hefeanteil: 3 % (bezogen auf die Mehlmenge gesamt)

Die Haltbarkeit der Backware verbessert sich jedoch nur ein wenig.

Leider ist in dieser Führung die selbsthergestellte Hefe auch noch nicht wirklich sinnvoll einzusetzen.

Anleitung Hefeteig mit kurzem Vorteig (Baguette)

Für 2 Baguettes
Vorteig:
250 g Weizenmehl Type 550
150 ml Wasser (mehr kühl als lauwarm)
15 g Frischhefe (= etwa ⅓ Hefewürfel)
Hauptteig:
250 g Weizenmehl Type 550
175 ml Wasser (mehr kühl als lauwarm)
10 g Salz
Mehl zum Bestäuben

ZUBEREITUNG
Vorteig:
Hefe mit Mehl und Wasser zu einem Vorteig verkneten. 1 Stunde im Warmen (Backofen nur mit Licht) stehen lassen.
Hauptteig:
Zutaten mit dem Vorteig gut vermischen, dann ca. 10 Minuten kneten (mit der Hand) oder 5 Minuten kneten (mit der Maschine). 20 Minuten ruhen lassen. Erneut 10 bzw. 5 Minuten kneten. Zu einem Rechteck flach drücken. 5 Minuten unter einem Tuch entspannen lassen, dann von der langen Seite aus aufrollen. In der Mitte halbieren. Die Spitzen zusammendrücken. Unter leichtem Druck auf der bemehlten Arbeitsfläche zu 2 gleich langen Baguettes rollen. Unter einem Tuch mit dem Aufrollrand nach

Baguette mit kurzem Hefevorteig

unten 20 Minuten warm gehen lassen. Teiglinge umdrehen, sodass der Aufrollrand nun oben liegt. Erneut 20 Minuten warm gehen lassen. Oben mit einem scharfen Messer in je 3 leicht schrägen Längsschnitten tief (ruhig bis zur Mitte) einschneiden. Im vorgeheizten Ofen bei 220 °C (Ober-/Unterhitze) ca. 30 Minuten goldbraun backen.

Sie merken: Die Rezepte hier sind noch immer recht schnell, geben dem Teig aber wenigstens etwas Zeit zur Geschmacksbildung. Im nächsten Kapitel werden mehr als 3 Stunden benötigt. Dafür wird nicht nur der Geschmack deutlich gewinnen, sondern auch die Verwendung der selbstgezogenen Hefe ist dann möglich.

Anleitung Hefeteig mit kurzem Vorteig (Brötchen)

Für 10 Brötchen

Vorteig:

250 g Weizenmehl Type 550
150 ml Wasser (mehr kühl als lauwarm)
15 g Frischhefe (= etwa ⅓ Hefewürfel)

Hauptteig:

250 g Weizenmehl Type 550
175 ml Wasser (mehr kühl als lauwarm)
10 g Salz

ZUBEREITUNG

Vorteig:

Hefe mit Mehl und Wasser zu einem Vorteig verkneten. 1 Stunde im Warmen (Backofen nur mit Licht) stehen lassen.

Hauptteig:

Zutaten mit dem Vorteig gut vermischen, dann ca. 10 Minuten kneten (mit der Hand) oder 5 Minuten kneten (mit der Maschine). 20 Minuten ruhen lassen. Erneut 10 bzw. 5 Minuten kneten. 10 Teile abtrennen und je zu einem Oval flach drücken. 5 Minuten unter einem Tuch entspannen lassen, dann von der kurzen Seite aus aufrollen. Die Spitzen zusammendrücken. Unter einem Tuch mit dem Aufrollrand nach unten 20 Minuten warm gehen lassen. Teiglinge umdrehen, sodass der Rand vom Aufrollen nun oben liegt. Erneut 20 Minuten warm gehen lassen. Oben mit einem scharfen Messer von Spitze zu Spitze tief (ruhig bis zur Mitte) einschneiden. Im vorgeheizten Ofen bei 220 °C (Ober-/Unterhitze) ca. 20 Minuten goldbraun backen.

Verlängerte Hefevorteigführung

Die verlängerte Hefevorteigführung ist eine Steigerung gegenüber der kurzen Hefevorteigführung. Hier wird noch weniger Backhefe eingesetzt. Die Reduzierung der Hefe kommt vor allem dem Geschmack zugute. Die zusätzliche Zeit ermöglicht einerseits, dass die sehr geringe Hefemenge den Teig genug treiben kann, andererseits der Teig Zeit hat um zu reifen. Allerdings findet hier eine Fermentation des Teiges noch nicht statt. Dazu ist die Zeit doch noch zu kurz. Für die geschmackbildende Fermentation würde eine lange, kalte Führung benötigt.

Diese verlängerte Führung findet noch komplett im Warmen statt, bei weiteren Zeitverlängerungen (also den nächsten beiden Kapiteln) muss die Temperatur reduziert werden, damit ein „Abfressen" der Stärke durch die Hefe nicht das Glutengerüst und damit den Teig zerstört.

TA bedeutet: Teigausbeute

Die Teigausbeute gibt an, wie viel Flüssigkeit im Verhältnis zum Mehl verwendet wird.
TA = 100 % bedeutet: 100 Teile trocken Mehl
TA = 200 % bedeutet: 100 Teile Mehl und 100 Teile Flüssigkeit usw.

Die verlängerte Hefevorteigführung verwendet eine bereits stark reduzierte Mehlmenge. So steht später genug frisches Mehl für den Teig zur Verfügung. Auch ist die Führung recht weich (TA = 200 %), damit die Stärke und Schalenanteile bereits mehr Feuchtigkeit aufnehmen können. Die gesamte Zubereitungszeit eines Brotes beträgt jetzt etwa 5 Stunden und die Haltbarkeit verbessert sich durch die lange Führung erheblich.

Für unsere selbsthergestellte Hefe ist diese Führung möglich. Die nötigen abweichenden Angaben sind in Klammern aufgeführt.

Die Führung im Detail:

Reifezeit: 2–4 Stunden
Temperatur: 25–28 °C
Mehlanteil: 20–40 % der gesamten Mehlmenge
Teigausbeute: 160–200 % TA (d. h. auf 500 g Mehl im Vorteig kommen 300–500 ml Wasser)
Hefeanteil: 1 % (bezogen auf die Mehlmenge gesamt)
Auswirkung: Hefevermehrung, dehnbare bindige Krume

Brötchen mit verlängerter Hefevorteigführung

Anleitung Hefeteig mit verlängertem Vorteig (Brötchen)

Für 10 Brötchen

Vorteig:

150 g Weizenmehl Type 550
150 ml Wasser (mehr kühl als lauwarm; bei selbsthergestellter Backhefe 100 ml Wasser)
5 g Frischhefe (= etwa ⅛ Hefewürfel; bei selbsthergestellter Backhefe 50 ml Flüssighefe)

Hauptteig:

350 g Weizenmehl Type 550
175 ml Wasser (mehr kühl als lauwarm)
10 g Salz

ZUBEREITUNG

Vorteig:

Hefe mit Mehl und Wasser zu einem Vorteig verkneten. Etwa 3 Stunden im Warmen (Backofen nur mit Licht) stehen lassen.

Hauptteig:

Zutaten mit dem Vorteig gut vermischen, dann ca. 10 Minuten kneten (mit der Hand) oder 5 Minuten kneten (mit der Maschine). 1 Stunde im Warmen ruhen lassen. Erneut 10 bzw. 5 Minuten kneten. 10 Teile abtrennen und je zu einem Oval flach drücken. 5 Minuten unter einem Tuch entspannen lassen, dann von der kurzen Seite aus aufrollen. Die Spitzen zusammendrücken. Unter einem Tuch mit dem Aufrollrand nach unten 20 Minuten warm gehen lassen. Teiglinge umdrehen, sodass der Rand vom Aufrollen nun oben liegt. Erneut 10 Minuten warm gehen lassen. Oben mit einem scharfen Messer von Spitze zu Spitze tief (ruhig bis zur Mitte) einschneiden. Im vorgeheizten Ofen bei 220 °C (Ober-/Unterhitze) ca. 20 Minuten goldbraun backen.

Anleitung Hefeteig mit verlängertem Vorteig (Baguette)

Für 2 Baguettes

Vorteig:

150 g Weizenmehl Type 550
150 ml Wasser (mehr kühl als lauwarm; bei selbsthergestellter Backhefe 100 ml Wasser)
5 g Frischhefe (= etwa ⅛ Hefewürfel; bei selbsthergestellter Backhefe 50 ml eigene Flüssighefe)

Hauptteig:

350 g Weizenmehl Type 550
175 ml Wasser (mehr kühl als lauwarm)
10 g Salz
Mehl zum Bestäuben

ZUBEREITUNG

Vorteig:

Hefe mit Mehl und Wasser zu einem Vorteig verkneten. Etwa 3 Stunden im Warmen (Backofen nur mit Licht) stehen lassen.

Hauptteig:

Zutaten mit dem Vorteig gut vermischen, dann ca. 10 Minuten kneten (mit der Hand) oder 5 Minuten kneten (mit der Maschine). 1 Stunde ruhen lassen. Erneut 10 bzw. 5 Minuten kneten. Zu einem Rechteck flach drücken. 5 Minuten unter einem Tuch entspannen lassen, dann von der langen Seite aus aufrollen. In der Mitte halbieren. Die Spitzen zusammendrücken. Unter leichtem Druck auf der bemehlten Arbeitsfläche zu 2 gleich langen Baguettes rollen. Unter einem Tuch mit dem Aufrollrand nach unten 20 Minuten warm gehen lassen. Teiglinge umdrehen, sodass der Aufrollrand nun oben liegt. Erneut 20 Minuten warm gehen lassen. Oben mit einem scharfen Messer in je 3 leicht schrägen Längsschnitten tief einschneiden. Im vorgeheizten Ofen bei 220 °C (Ober-/Unterhitze) ca. 30 Minuten goldbraun backen.

>>>>>>>>>>> Lange, kalte Führung – einfach

Die lange, kalte Führung ist eine Weiterentwicklung der Hefevorteigführungen der vorherigen Kapitel. Sie orientiert sich stark an den Vorgehensweisen traditioneller Handwerksbäckereien. Die lange, kalte Führung wird aber in der heutigen Handwerksbäckerei in der Regel nicht mehr angewendet, weil sie mit Fertigbackmischungen nur schwer umzusetzen ist und diese Teigführung einen zu hohen Zeitaufwand für die Bäcker bedeutet. Einige wenige Bäckereien setzen eine lange, kalte Führung aber wieder ein und haben sehr gute Erfolge, da die Kunden den guten Geschmack schätzen und den höheren Verkaufspreis akzeptieren.

Die Führungszeiten sind bei dieser Führung erheblich verlängert worden, die verwendete Hefemenge ist dafür nur noch ein Fünfzigstel der Hefemenge aus dem Hefeteig ohne Vorteig. Da bei den langen warmen Führungen auch kleinste Hefemengen die Stärke des Mehles komplett verstoffwechseln („abfressen") würden, muss die Temperatur nach einer Anspringzeit im zweiten Teil der Führung herabgesetzt werden.

Durch die herabgesetzte geringe Temperatur von 5 bis 10 °C im zweiten Teil der Führung wird die Hefe sowohl in der Fortpflanzung, als auch im Stoffwechsel gehemmt. Dafür tritt im Teig eine Fermentation ein. Diese Fermentation des Teiges durch Enzyme sorgt nicht nur für einen enormen Gewinn an Geschmack, sondern bildet dazu eine sehr bindige Krume. Ferner haben die Schalenteile und die Stärke des Mehles ausreichend Zeit Wasser aufzunehmen, sodass das Gebäck nach dem Backen nicht nur sehr saftig ist, sondern auch eine sehr gute Haltbarkeit aufweist. Die lange, kalte Führung ist nicht auf die Verwendung von Vollkornmehl beschränkt, auch Backwaren aus hellem Mehl gewinnen Geschmack und halten wesentlich länger. Die lange, kalte Führung ermöglicht es, dass Vollkornmehle völlig ohne Probleme gebacken werden können: Das Fraßschutzgift Phytin wird nahezu komplett abgebaut, sodass Vollkornmehl ohne die Gefahr des Mineralienverlustes verzehrt werden kann.

Die Führung im Detail:

Reifezeit: 18–24 Stunden
(ab 15 Stunden: im Kühlschrank)
Temperatur: 22–25 °C
(ab 15 Stunden: 5–10 °C)
Mehlanteil: 10–20 % der gesamten Mehlmenge
Teigausbeute: 150–160 % TA
(d.h. auf 500 g Mehl im Vorteig kommen 250–300 ml Wasser)
Hefeanteil: 0,1–0,2 %
(bezogen auf die Mehlmenge gesamt)
Auswirkung: bindige und sehr stabile Krume, hohe Feuchtigkeitsaufnahme, aromatischer Geschmack

Natürlich ist diese Führung ideal für unsere selbsthergestellte Hefe. In den Rezepten sind die Werte für die eigene Hefe in Klammern angegeben.

Anleitung Hefeteig mit langer, kalter Führung – einfach (Brötchen)

Für 10 Brötchen
Vorteig:
100 g Weizenmehl Type 550
60 ml Wasser (mehr kühl als lauwarm; bei selbsthergestellter Backhefe 50 ml Wasser)
1 g Frischhefe (= 1 Messerspitze; bei selbsthergestellter Backhefe 10 ml Flüssighefe)
Hauptteig:
400 g Weizenmehl Type 550
215 ml Wasser (mehr kühl als lauwarm)
10 g Salz

ZUBEREITUNG
Vorteig:
Hefe mit Mehl und Wasser zu einem Vorteig verkneten. Etwa 15 Stunden bei guter Zimmertemperatur (22–25 °C) stehen lassen. Wenn der Teig zu sehr aufgeht, einfach wieder zusammenschlagen und die Luft rausdrücken. Anschließend für weitere 9 Stunden abgedeckt in den Kühlschrank stellen.
Hauptteig:
Zutaten mit dem Vorteig gut vermischen, dann ca. 10 Minuten kneten (mit der Hand) oder 5 Minuten kneten (mit der Maschine). 1 Stunde im Warmen ruhen lassen. Erneut 10 bzw. 5 Minuten kneten. 10 Teile abtrennen und je zu einem Oval flach drücken. 5 Minuten unter einem Tuch entspannen lassen, dann von der kurzen Seite aus aufrollen. Die Spitzen zusammendrücken. Unter einem Tuch mit dem Aufrollrand nach unten 20 Minuten warm gehen lassen. Teiglinge umdrehen, sodass der Rand vom Aufrollen nun oben liegt. Erneut 10 Minuten warm gehen lassen. Oben mit einem scharfen Messer von Spitze zu Spitze tief (ruhig bis zur Mitte) einschneiden. Im vorgeheizten Ofen bei 220 °C (Ober-/Unterhitze) ca. 20 Minuten goldbraun backen.

Anleitung Hefeteig mit langer, kalter Führung – einfach (Baguette)

Für 2 Baguettes
Vorteig:
100 g Weizenmehl Type 550
60 ml Wasser (mehr kühl als lauwarm; bei selbsthergestellter Backhefe 50 ml Wasser)
1 g Frischhefe (= 1 Messerspitze; bei selbsthergestellter Backhefe 10 ml Flüssighefe)
Hauptteig:
400 g Weizenmehl Type 550
215 ml Wasser (mehr kühl als lauwarm)
10 g Salz
Mehl zum Bestäuben

ZUBEREITUNG
Vorteig:
Hefe mit Mehl und Wasser zu einem Vorteig verkneten. Etwa 15 Stunden bei guter Zimmertemperatur (22–25 °C) stehen lassen. Wenn der Teig zu sehr aufgeht, ihn wieder zusammenschlagen und die Luft rausdrücken. Danach für weitere 9 Stunden abgedeckt in den Kühlschrank stellen.
Hauptteig:
Zutaten mit dem Vorteig gut vermischen, dann ca. 10 Minuten kneten (mit der Hand) oder 5 Minuten kneten (mit der Maschine). 1 Stunde ruhen lassen. Erneut 10 bzw. 5 Minuten kneten. Zu einem Rechteck flach drücken. 5 Minuten unter einem Tuch entspannen lassen, dann von der langen Seite aus aufrollen. In der Mitte halbieren. Die

Spitzen zusammendrücken. Unter leichtem Druck auf der bemehlten Arbeitsfläche zu 2 gleich langen Baguettes rollen. Unter einem Tuch mit dem Aufrollrand nach unten 20 Minuten warm gehen lassen. Teiglinge umdrehen, sodass der Aufrollrand nun oben liegt. Erneut 20 Minuten warm gehen lassen. Oben mit einem scharfen Messer in je 3 leicht schrägen Längsschnitten tief (ruhig bis zur Mitte) einschneiden. Im vorgeheizten Ofen bei 220 °C (Ober-/Unterhitze) ca. 30 Minuten goldbraun backen.

Bei der langen, kalten Führung hier benötigen Sie (alles in allem, ohne, dass Sie die eigene, selbstgezogene Hefe ansetzen) gut 26 Stunden. Damit muss natürlich das Backen rechtzeitig geplant werden. Für die „schnellen Brötchen zum Frühstück" ist das nichts. Dafür werden Sie aber mit einem fantastischen Geschmack, einer sensationellen Krume und einer feinblättrigen Kruste verwöhnt.

Mehr geht bei Brötchen und ähnlichem Kleingebäck nicht mehr. Wenn Sie noch mehr wollen: lesen Sie unten weiter. Aber hier geht es nur noch als Brot, da eine weitere längere Ruhezeit in der sogenannten Stückgare zugegeben wird. Lassen Sie sich überraschen!

>>>>>>>>>>> Lange, kalte Führung – doppelt

Die doppelte lange, kalte Führung ist eine weitere Verlängerung der einfachen langen, kalten Führung des vorherigen Kapitels. Der erste Teil, also die Vorteigführung, ist dabei mit der einfachen langen, kalten Führung fast identisch. Der Unterschied liegt in der weiteren Behandlung des fertigen Brotteiges. Auch dieser bekommt nach Ausformen und dem Anspringen der Hefe nun eine eigene Fermentationsphase im Kühlschrank, die bis zu 3 Tage dauern kann. Damit ist die Grenze der maximal möglichen Geschmacksbildung abgeschlossen. Mehr geht dann nicht mehr.

Da in dieser Führung nicht nur der Vorteig, sondern auch die Stückgare des Hauptteiges in die lange, kalte Führung eingeschlossen ist, ist es nicht mehr ohne weiteres möglich, hier Brötchen oder andere Backwaren herzustellen, bei denen ein detailliertes Formen und das Halten der Form nötig ist. Auch Baguettes, die ja eigentlich eine sehr lange Führung gut vertragen (das gibt schön große Poren) und durch die Faltenbildung des Gärtuches vor dem Breitlaufen geschützt sind, sind mit der doppelten langen, kalten Führung nicht leicht herzustellen: Der Teigling wird durch die doppelte Fermentation recht weich und ist dann beim Einschießen nur schwer zu handhaben.

Die doppelte lange, kalte Führung eignet sich daher am besten für Brote, die keine aufwändige Formgebung vor dem Backen benötigt. Das sind einerseits natürlich Brote in Kastenformen, aber auch freigeschobene Brote, bei denen der Teigling nur durch einfaches Herunterdrücken der Teigränder unter den Teigbatzen, vorsichtig und ohne Kneten direkt vor dem Backen, geformt wird.

Handwerksbäckereien nutzen diese Art der Teigführung überhaupt nicht, da diese Führung bei allem Idealismus doch zu aufwändig und damit unwirtschaftlich ist: nicht nur der Vorteig muss alles in allem rund 24 Stunden gehen und kühl ruhen, sondern der fertige und ausgeformte Brotteig ebenfalls nochmal bis zu 3 Tage. Dafür wird viel Platz im Kühlschrank benötigt.

Da auch der fertige Teig anstelle der Stückgare einer Fermentationsstufe unterliegt, wurde der Hefeeinsatz im Vorteig gegenüber der einfachen langen, kalten Führung nochmals halbiert. Die verwendete Hefemenge ist somit nur noch 1 % der Hefemenge aus dem Hefeteig ohne Vorteig. Auf 500 g Mehl kommen nur noch 0,25 bis 0,5 g Backhefe bzw. 2,5 bis 5 ml selbsthergestellte Backhefe.

Da bei langen warmen Führungen auch kleinste Hefemengen die Stärke des Mehles komplett verstoffwechseln („abfressen") würden, muss die Temperatur sowohl im Vor-, als auch im Hauptteig nach einer Anspringzeit der Hefe herabgesetzt werden. Der Vorteig wird nach 5 bis 10 Stunden, wenn man merkt, dass die Hefe zu wirken beginnt, gegen Eintrocknen mit einem feuchten Leinentuch abgedeckt und in den Kühlschrank gestellt.

Durch die herabgesetzte geringe Temperatur auf 5 bis 10 °C in den jeweils zweiten Teilen der Führungen wird die Hefe sowohl in der Fortpflanzung, als auch im Stoffwechsel gehemmt. Dafür tritt im Teig eine Fermentation ein. Diese Fermentation durch Enzyme sorgt nicht nur für einen enormen Gewinn an Geschmacksstoffen, sondern bildet dazu eine sehr bindige Krume.

Ferner haben die Schalenteile und die Stärke des Mehles ausreichend Zeit Wasser aufzunehmen, sodass das Gebäck nach dem Backen nicht nur sehr saftig ist, sondern auch eine sehr gute Haltbarkeit aufweist. Auch Backwaren aus hellem Mehl halten wesentlich länger. Die lange, kalte Führung ermöglicht es, dass Vollkornmehle völlig ohne Probleme gebacken werden können. Auch wird das Fraßschutzgift Phytin nahezu komplett abgebaut, sodass Voll-

Die doppelte lange, kalte Führung im Detail:

VORTEIG:
Reifezeit: 12–20 Stunden
(ab 5–10 Stunden: im Kühlschrank)
Temperatur: 22–25 °C
(ab 5–10 Stunden: 5–10 °C)
Mehlanteil: 10–20 % der gesamten Mehlmenge
Teigausbeute: 150–160 % TA
(d.h. auf 500 g Mehl im Vorteig kommen 250–300 ml Wasser)
Hefeanteil: 0,05–0,1 % (
bezogen auf die Mehlmenge gesamt)
Auswirkung: bindige Krume, aromatischer Geschmack
HAUPTTEIG:
Reifezeit: 24–72 Stunden
(ab 10 Stunden: im Kühlschrank)
Temperatur: 22–25 °C
(ab 10 Stunden: 5–10 °C)

kornmehl ohne die Gefahr des Mineralienverlustes verzehrt werden kann.

Diese doppelte lange und kalte Führung ist geradezu ideal für unsere selbsthergestellte Hefe. In den Rezepten sind die Werte für die eigene Hefe in Klammern angegeben.

Anleitung Hefeteig mit doppelter langer, kalter Führung (Brot)

Für 1 Weizenvollkornbrot à 1,6 kg
Vorteig:
200 g Weizenvollkornmehl
120 ml Wasser (mehr kühl als lauwarm; bei selbsthergestellter Backhefe 110 ml Wasser)
1 g Frischhefe (= 1 Messerspitze; bei selbsthergestellter Backhefe 10 ml Flüssighefe)
Hauptteig:
600 g Weizenvollkornmehl
100 g Weizenschrot (fein)
100 g Roggenvollkornmehl
530 ml Wasser (mehr kühl als lauwarm)
20 g Salz

ZUBEREITUNG
Vorteig:
Hefe mit Mehl und Wasser zu einem Vorteig verkneten. Etwa 15 Stunden bei guter Zimmertemperatur (22–25 °C) stehen lassen. Wenn der Teig zu sehr aufgeht, ihn wieder zusammenschlagen und die Luft rausdrücken. Danach für weitere 9 Stunden abgedeckt/verschlossen in den Kühlschrank stellen.
Hauptteig:
Zutaten mit dem Vorteig gut vermischen, dann ca. 10 Minuten kneten (mit der Hand) oder 5 Minuten kneten (mit der Maschine). 20 Minuten im Warmen unter einem Tuch ruhen lassen. Erneut 10 bzw. 5 Minuten kneten. Den Teig zu einer kurzen Rolle formen und in einer geölten Teigschüssel (mindestens 3,5 Liter) so einlegen, dass die Rollenenden unten liegen und der Teig wie eine Raupe den Buckel nach oben macht. (Das Brot wird wieder flacher werden, aber die Enden sind unten.) Den Teig abgedeckt bei Zimmertemperatur ca. 10 Stunden ruhen lassen, dann 14 Stunden abgedeckt in den Kühlschrank stellen. Die Fermentationszeit kann verlängert werden auf bis zu 3 Tage (ca. 72 Stunden).

Backofen samt Backblech oder Backstein bei 250 °C (Ober-/Unterhitze) gut und ausreichend vorheizen. Danach den Teig vorsichtig mit beiden Händen aus der Teigschüssel heben. Nicht mehr kneten! Den Teigrand mit nassen Händen vorsichtig unter den Teigling drücken, sodass die Haut oben eine gute Spannung bekommt, ohne zu reißen. Wahlweise mit der Teigunterseite nach oben (also, wohin der Teigrand gedrückt wurde – das ergibt ein rustikal aufgerissenes Brot) oder mit der Teigunterseite nach unten (ergibt eine glatte Brotoberfläche) mit einem Backpapier auf das heiße Backblech geben und die Oberfläche mit Wasser abpinseln. Dann einschieben oder auf den Backstein einschießen. Gut 70 Minuten backen, nach 15 Minuten die Temperatur auf 200 °C herunterdrehen.

Das Brot ist fertig, wenn es beim Klopfen auf dic Unterseite hohl klingt. Das Brot nach dem Herausholen erneut leicht mit reinem Wasser abpinseln.

>>>>>>>>>> Hefe-Salz-Führung

Von diesem Kapitel werden Sie sicher überrascht sein. Ich ernte auch immer wieder erstaunte Gesichter in meinen Backseminaren, wenn ich vom Hefe-Salz-Verfahren und seinen Vorteilen beim Backen spreche. Und das selbst von Menschen, die alte Backhasen sind.

Wir lernen immer wieder: Die Hefe ist ein empfindliches Geschöpf. Keine Zugluft, kein Salz und kein Öl dürfen auch nur in ihre Nähe kommen. Hefe braucht es warm. Und Hefe möchte immer einen Löffel Zucker zum Starten haben. Wenn alle diese Grundbedingungen von Hefe nicht stimmen, würde der Teig nie im Leben mehr aufgehen. Also müsse man immer laut davor warnen: kein Salz, kein Öl, keine Kälte.

Diese Warnung ist, auch wenn sie immer wiederholt wird, glücklicherweise absolut falsch. Hefe stirbt nicht komplett, nur weil sie etwas Salz berührt hat oder kalt im Kühlschrank steht. Dass es sogar Vorteile bringt, Hefeteig im Kühlschrank reifen zu lassen, haben wir bereits gelernt. Was passiert und welche Vorteile hat es, wenn wir Hefe einer Salzlösung aussetzen?

Was geschieht, wenn Hefe und Salz aufeinander treffen?

Richtig ist, dass eine salzige Lösung (übrigens genauso eine zuckrige Lösung) den Zellen beim Kontakt tatsächlich Wasser entzieht. Natürlich auch Hefezellen. Das „osmotische Prinzip“: Wasser diffundiert von der salzarmen Seite (also dem Inneren der Hefepilzzelle) durch eine Membran (Zellwand der Hefepilzzelle) auf die andere Seite in die Salzlösung. Das Wasser möchte einen Ausgleich der Konzentrationen schaffen.

Als Folge der Osmose wird die Hefezelle kleiner und schrumpft. Da die Zellflüssigkeit weiter austritt, verliert die Zelle zunächst ihre natürliche runde Form und verflüssigt sich selbst zunehmend in der Salzlösung. Der Fachbegriff lautet „Plasmolyse“. Die einzelne Hefezellen verlieren dadurch zunehmend an Aktivität (Vermehrung und Stoffwechsel), je mehr Zellflüssigkeit an die Salzlösung verloren geht. Die Folge: Die Zellen fallen in einen Ruhezustand. Wenn dieser Vorgang sich dann weiter fortsetzt (und das werden wir machen) stirbt die Hefezelle sogar ganz ab. Oje, höre ich Sie jetzt sagen. Also doch tot. Ja, aber es ist so gewollt, das ist kein Schaden.

Die Triebkraft bleibt in der Zellflüssigkeit nahezu vollständig erhalten. Die Enzyme, die die Gärung betreiben, sind nun nicht mehr auf die Zelle beschränkt, sondern befinden sich in der Salzlösung. Die Aufspaltung der Glukose in Kohlendioxid und Alkohol, die bislang in der Hefezelle als Stoffwechsel stattfand, wird nun durch die Enzyme in der Salzlösung vorgenommen. Gärung durch Salzlösung sozusagen. Biochemisch nicht korrekt, aber populär-wissenschaftlich akzeptabel.

Und noch mehr – durch die Zerstörung der Hefezellen findet ein weiterer Prozess statt: Das zelleigene Glutathion wird freigesetzt. Glutathion ist eine Zusammensetzung der drei Aminosäuren Glutaminsäure, Cystein und Glycin, die in der Zelle vorliegen.

Glutathion gehört zu den wichtigsten Stoffen im Körper, die als Antioxidans wirken. Im Teig führt Glutathion zu einer enormen Verbesserung der Teigeigenschaften. Besonders das Stehvermögen, die Formhaltigkeit des Teiges und die Gärtoleranz werden gesteigert. Daneben wird der Teig geschmeidiger und lässt sich besser formen.

Das Verfahren, Frischhefe einer Salzlösung auszusetzen, wird für die „Hefe-Salz-Führung“ genutzt, mit der nicht nur sehr plastische und leichter formbare Teige hergestellt werden können, sondern die auch ein enormes Potenzial zum Ofentrieb haben. Ferner gewinnen Kruste und Krume durch das Hefe-Salz-Verfahren sensationell dazu.

Leider funktioniert diese Führung nur bei Frischhefe, nicht bei Trockenhefe, da die Trockenhefe bereits dehydriert ist (ihr also das gesamte Wasser entzogen wurde). Auch, wenn die Trockenhefe erst mit genügend Wasser angesetzt wird, kann das Wasser in den Hefezellen nicht die notwendigen Enzyme aufnehmen, die bei der Hefe-Salz-Führung aus der Hefe gewonnen werden.

Die Hefe-Salz-Führung kann als Alternative zu den bereits vorgestellten Vorteigen verwendet werden. Sie hat sich besonders bewährt bei Backwaren, die einen starken Ofentrieb vertragen: also Kleingebäck, wie beispielsweise Brötchen oder französische Baguettes. Sie ist nicht wirklich praktikabel bei reinem Brot.

Ansetzen einer Hefe-Salz-Führung

Man nimmt die gesamte Menge Frischhefe aus dem Rezept, fügt die gesamte Menge an Salz und ⅔ der Wassermenge hinzu und setzt daraus einen Ansatz an. Die Salz-Hefe- Lösung sollte etwa 25 °C haben und muss mindestens 4 Stunden bei Zimmertemperatur stehen. Danach kann die Lösung für bis zu 48 Stunden (mindestens aber 12 Stunden) in den Kühlschrank gestellt werden. Üblich ist eine Standzeit von ca. 24 Stunden. Vor einer Fehlgärung durch Fremdkeime brauchen wir keine Angst haben: diese wird durch das Salz (unterstützt von der kühlen Lagerung im Kühlschrank) sicher verhindert.

Nachdem der Hefe-Salz-Ansatz ausreichend lange (mindestens 4 Stunden bei Zimmertemperatur, zuzüglich mindestens 12 Stunden im Kühlschrank) stand, wird der Brot- oder Brötchenteig mit dem Hefe-Salz-Ansatz, dem Mehl, der restlichen Flüssigkeit und den sonstigen Zutaten verarbeitet. Natürlich ist diese Führung ideal für unsere selbsthergestellte Hefe. In den Rezepten sind die Werte für die eigene Hefe in Klammern angegeben.

Die Führung im Detail:

Reifezeit: mindestens 16 Stunden
(ab 4 Stunden: im Kühlschrank)
Temperatur: 25 °C
(ab 15 Stunden: 5–10 °C)
Hefeanteil: 1–2 %
(bezogen auf die Mehlmenge gesamt)
Auswirkung: bindige und sehr stabile Krume, hohe Feuchtigkeitsaufnahme, hocharomatischer Geschmack

Anleitung Hefeteig mit Hefe-Salz-Führung (Brötchen)

Für 10 Brötchen
Hefe-Salz-Ansatz:
1 g Frischhefe (= 1 Messerspitze; bei selbsthergestellter Backhefe 10 ml Flüssighefe)
10 g Salz
175 ml Wasser (mehr kühl als lauwarm; bei selbsthergestellter Backhefe 165 ml Wasser)
Hauptteig:
Hefe-Salz-Ansatz aus dem Kühlschrank
500 g Weizenmehl Type 550
90 ml Wasser (mehr kühl als lauwarm)

ZUBEREITUNG
Vorteig:
Salz und Hefe im Wasser verrühren, 4 Stunden bei Zimmertemperatur stehen lassen und anschließend für 12 Stunden abgedeckt in den Kühlschrank stellen.
Hauptteig:
Zutaten mit dem Vorteig gut vermischen, dann ca. 10 Minuten kneten (mit der Hand) oder 5 Minuten kneten (mit der Maschine). 1 Stunde im Warmen ruhen lassen. Erneut 10 bzw. 5 Minuten kneten. 10 Teile abtrennen und je zu einem Oval flach drücken. 5 Minuten unter einem Tuch entspannen lassen, dann von der kurzen Seite aus aufrollen. Die Spitzen zusammendrücken. Unter einem Tuch mit dem Aufrollrand nach unten 20 Minuten warm gehen lassen. Teiglinge umdrehen, sodass der Rand vom Aufrollen nun oben liegt. Erneut 10 Minuten warm gehen lassen. Oben mit einem scharfen Messer von Spitze zu Spitze tief (ruhig bis zur Mitte) einschneiden. Im vorgeheizten Ofen bei 220 °C (Ober-/Unterhitze) ca. 20 Minuten goldbraun backen.

Anleitung Hefeteig mit Hefe-Salz-Führung (Baguette)

Für 2 Baguettes
Hefe-Salz-Ansatz:
1 g Frischhefe (= 1 Messerspitze; bei selbsthergestellter Backhefe 10 ml Flüssighefe)
10 g Salz
175 ml Wasser (mehr kühl als lauwarm; bei selbsthergestellter Backhefe 165 ml Wasser)
Hauptteig:
Hefe-Salz-Ansatz aus dem Kühlschrank
500 g Weizenmehl Type 550
90 ml Wasser (mehr kühl als lauwarm)
Mehl zum Bestäuben

ZUBEREITUNG
Vorteig:
Salz und Hefe im Wasser verrühren, 4 Stunden bei Zimmertemperatur stehen lassen und anschließend für 12 Stunden abgedeckt in den Kühlschrank stellen.
Hauptteig:
Zutaten mit dem Vorteig gut vermischen, dann ca. 10 Minuten kneten (mit der Hand) oder 5 Minuten kneten (mit der Maschine). 1 Stunde ruhen lassen. Erneut 10 bzw. 5 Minuten kneten. Zu einem Rechteck flach drücken. 5 Minuten unter einem Tuch entspannen lassen, dann von der langen Seite aus aufrollen. In der Mitte halbieren. Die Spitzen zusammendrücken. Unter leichtem Druck auf der bemehlten Arbeitsfläche zu 2 gleich langen Baguettes rollen. Unter einem Tuch mit dem Aufrollrand nach unten 20 Minuten warm gehen lassen. Teiglinge umdrehen, sodass der Aufrollrand nun oben liegt. Erneut 20 Minuten warm gehen lassen. Oben mit einem scharfen Messer in je 3 leicht schrägen Längsschnitten tief einschneiden. Im vorgeheizten Ofen bei 220 °C (Ober-/Unterhitze) ca. 30 Minuten goldbraun backen.

Rezepte mit kurzem Hefevorteig

2 Brote à 700 g

45 Min. Gehen Vorteig
+ 1 Std. Gehen Hauptteig
+ 30 Min. Gehen Stückgare
+ 50 Min. Backen

einfach

St. Galler Brot

HELLES WEIZENMISCHBROT

VORTEIG:
30 g Frischhefe
1 TL Honig bzw. Gerstenmalz
300 ml Wasser (kalt)
200 g Roggenvollkornmehl
300 g Weizenmehl Type 550

HAUPTTEIG:
500 g Weizenmehl Type 550
20 g Salz
300 ml Wasser (zimmerwarm)
1 TL gemahlener schwarzer Pfeffer

ZUBEREITUNG

Vorteig:

Hefe mit Honig oder Gerstenmalz, Wasser und Roggen- sowie Weizenmehl vermischen und mit der Hand ca. 5 Minuten kneten, bis sich eine homogene Masse gebildet hat. Achtung, es ist normal, dass ein Teig mit Roggenmehl klebt. Bitte kein zusätzliches Mehl zugeben, sondern tapfer weiterkneten. Den Teig abgedeckt in einer Teigschüssel für 45 Minuten in den Backofen stellen, bei dem nur das Licht brennt. Wenn der Ofen diese Funktion nicht hat, eine mit heißem Wasser gefüllte Wärmflasche in den Ofen legen.

Hauptteig:

Den Vorteig mit den Zutaten des Hauptteiges zusammenkneten, bis wieder ein homogener Teig entstanden ist. Diesen dann mit der Hand 10 Minuten oder mit der Maschine 5 Minuten weiterkneten. Den Backofen samt Backblech oder Backstein auf 250 °C (Ober-/Unterhitze) vorheizen. Den Teig in der Schüssel mit einem feuchten Tuch abgedeckt ca. 1 Stunde im Warmen gehen lassen. Wenn der Teig deutlich aufgegangen ist, noch einmal ca. 5 Minuten durchkneten. Anschließend den Teig halbieren und jede Hälfte zu einem runden Fladen mit ca. 20 cm Durchmesser flach drücken. Dann die Fladen aufrollen und die Enden seitlich rund um den Teig legen und etwas rund drücken. 30 Minuten gehen lassen.

Backen:

Die Brote nebeneinander leicht berührend auf Backpapier auf das aufgeheizte Backblech legen und sofort in den Ofen schieben (2. Schiene von unten) oder die Brote auf den Backstein schießen. Für 10 Minuten bei 250 °C anbacken und anschließend für 40 Minuten bei 180 °C fertigbacken.

Stockbrot

LECKERES BROT FÜR DAS LAGERFEUER

VORTEIG:
18 g Frischhefe
1 TL Gerstenmalz
300 g Weizenmehl Type 1050
180 ml Wasser (zimmerwarm)

HAUPTTEIG:
300 g Weizenmehl Type 1050
12 g Salz
50 ml Rapsöl
130 ml Milch (zimmerwarm)
4 EL Sesamsaat

ZUBEREITUNG

Vorteig:

Die Zutaten des Vorteiges vermischen und ca. 5 Minuten mit der Maschine oder 10 Minuten per Hand durchkneten. In der Schüssel mit einem Tuch abgedeckt warm 1 Stunde stehen lassen, bis sich der Teig gut vergrößert hat. Bei Kälte die Schüssel in den Backofen stellen, in dem nur das Licht brennt.

Hauptteig:

Die Zutaten des Hauptteiges zum Vorteig geben und ca. 5 Minuten mit der Maschine oder 10 Minuten per Hand durchkneten. Dann unter einem Tuch in der Teigschüssel etwa 45 Minuten warm gehen lassen. Wenn die Zeit bis zum Ausflug noch länger ist, kann der Teig auch nach 30 Minuten in den Kühlschrank gestellt werden. Vor Ort knapp hühnereigroße Teigstücke abteilen, mit den Händen zu einer Kugel formen, zwischen den Handflächen zu 2 cm dicken Würsten rollen und um einen frischen fingerdicken Weidenstock wickeln. Die Enden überlappend festdrücken.

Backen:

Den Stock mit dem Brot über der Glut, nicht ins Feuer halten. Nach ca. 15 Minuten ist das Stockbrot dunkelbraun und fertig.

ca. 8 Portionen

1 Std. Gehen Vorteig
+ ca. 45 Min. Gehen Stückgare
+ 15 Min. Backen

einfach

2 Brote à 750 g

1 Std. Gehen Vorteig
+ 90 Min. Gehen Stückgare
+ 50 Min. Backen

einfach

Landbrot

EINFACHES KASTENWEIZENMISCHBROT

VORTEIG:
30 g Frischhefe
1 TL Honig bzw. Gerstenmalz
300 ml Wasser (zimmerwarm)
200 g Roggenschrot (fein)
300 g Weizenmehl Type 1050

HAUPTTEIG:
500 g Weizenmehl Type 1050
20 g Salz
300 ml Pils oder anderes herbes Bier (zimmerwarm)
1 TL Brotgewürz

ZUBEREITUNG

Vorteig:
Die Zutaten des Vorteiges vermischen und dann mit der Hand ca. 5 Minuten kneten, bis sich eine homogene Masse gebildet hat. (Achtung, es ist normal, dass ein Teig mit Roggen klebt. Bitte kein zusätzliches Mehl zugeben, sondern fleißig weiterkneten.) Den Teig abgedeckt in einer Schüssel 1 Stunde in den Backofen stellen, bei dem nur das Licht brennt. Wenn der Ofen diese Funktion nicht hat, eine mit heißem Wasser gefüllte Wärmflasche mit in den Ofen legen.

Hauptteig:
Den Vorteig mit den Zutaten des Hauptteiges zusammenkneten, bis wieder ein homogener Teig entstanden ist. Diesen dann mit der Hand 10 Minuten oder mit der Maschine 5 Minuten weiterkneten. In einer Schüssel mit einem feuchten Tuch abgedeckt ca. 1 Stunde im Warmen gehen lassen. Wenn der Teig deutlich aufgegangen ist, noch einmal ca. 5 Minuten durchkneten. Danach den Teig halbieren und jede Hälfte zu einer 20 cm langen Rolle formen. Die Rollen in eingeölte Kastenformen legen und unter einem Tuch 30 Minuten gehen lassen. Den Backofen samt Backblech oder Backstein auf 250 °C (Ober-/Unterhitze) vorheizen.

Backen:
Die Kastenformen auf das aufgeheizte Backblech stellen und in den Ofen schieben (2. Schiene von unten). Für 10 Minuten bei 250 °C anbacken und anschließend für 40 Minuten bei 180 °C fertigbacken.

Sesambrot

HELLES WEIZENBROT

VORTEIG:
30 g Frischhefe
1 TL Honig bzw. Gerstenmalz
300 ml Wasser (kalt)
300 g Weizenvollkornmehl
200 g Weizenmehl Type 550

HAUPTTEIG:
500 g Weizenmehl Type 550
20 g Salz
300 ml Wasser (zimmerwarm)
200 g Sesamsaat

ZUM WÄLZEN:
50 g Sesamsaat

TIPP:
Auch andere Saaten (Leinsamen, Sonnenblumenkerne usw.) sind gut zum Wälzen geeignet.

ZUBEREITUNG

Vorteig:

Die Zutaten des Vorteiges vermischen und mit der Hand ca. 5 Minuten kneten, bis sich eine homogene Masse gebildet hat. Den Teig abgedeckt in einer Schüssel für 30 Minuten in den Backofen stellen, bei dem nur das Licht brennt. Wenn der Ofen diese Funktion nicht hat, eine mit heißem Wasser gefüllte Wärmflasche in den Ofen legen.

Hauptteig:

Den Vorteig mit den Zutaten des Hauptteiges zusammenkneten, bis wieder ein homogener Teig entstanden ist. Diesen mit der Hand 10 Minuten oder mit der Maschine 5 Minuten weiterkneten. Den Teig in der Schüssel mit einem feuchten Tuch abgedeckt ca. 1 Stunde im Warmen gehen lassen. Wenn der Teig deutlich aufgegangen ist, noch einmal ca. 5 Minuten durchkneten. Dann den Teig halbieren und jeweils zu einer Teigplatte von ca. 20 × 20 cm flach drücken. Die Teigplatten je zu einer Rolle aufrollen. Mit der schönen Seite in der Sesamsaat wälzen. Danach tief schräg einschneiden und nebeneinander auf ein Backpapier legen. 30 Minuten im Warmen unter einem Tuch gehen lassen. Den Backofen samt Backblech oder Backstein auf 250 °C (Ober-/Unterhitze) vorheizen.

Backen:

Das Backpapier mit den Broten auf das aufgeheizte Backblech legen und sofort in den Ofen schieben (2. Schiene von unten) oder die Brote auf den Backstein schießen. Für 10 Minuten bei 250 °C anbacken und anschließend für 40 Minuten bei 180 °C backen.

2 Brote à 750 g

30 Min. Gehen Vorteig
+ 90 Min. Gehen Stückgare
+ 50 Min. Backen

einfach

2 Stück à 1 kg

1 Std. Gehen Vorteig
+ 1 Std. Gehen Stückgare
+ 45 Min. Backen

einfach

Oliven-Tomaten-Brot

WEIßBROT MIT TOMATEN- UND OLIVENSTÜCKEN

VORTEIG:

40 g Frischhefe
1 TL Gerstenmalz
325 ml Wasser (zimmerwarm)
675 g Weizenmehl Type 1050

FÜR DIE FÜLLUNG:

150 g eingelegte getrocknete Tomaten
200 g Zwiebeln
100 g entkernte Oliven
1 EL Oregano
1 EL Thymian
2 EL Olivenöl

HAUPTTEIG:

675 g Weizenmehl Type 1050
27 g Salz
150 ml Olivenöl
175 ml Milch (zimmerwarm)
2 Eier (Größe M)
etwas Wasser zum Bestreichen (zimmerwarm)
Kümmel zum Bestreuen

ZUBEREITUNG

Vorteig:

Die Zutaten des Vorteiges vermischen und ca. 5 Minuten mit der Maschine oder 10 Minuten per Hand durchkneten. In der Schüssel mit einem Tuch abgedeckt warm 1 Stunde stehen lassen, bis sich der Teig gut vergrößert hat. Bei Kälte die Schüssel in den Backofen stellen, in dem nur das Licht brennt.

Füllung:

Eingelegte Tomaten abtropfen lassen und klein schneiden. Zwiebeln schälen und fein hacken, Oliven vierteln. Alles mit den Kräutern im Olivenöl glasig anschwitzen. Abkühlen lassen.

Hauptteig:

Die Zutaten des Hauptteiges mit der Füllung zum Vorteig geben und ca. 5 Minuten mit der Maschine oder 10 Minuten per Hand durchkneten. Dann unter einem Tuch in der Teigschüssel etwa 35 Minuten warm gehen lassen. Den Teig erneut kurz kneten, den Teig in 2 Hälften teilen und jeweils zu einem Rechteck von ca. 20 × 30 cm flach drücken und von der langen Seite aus aufrollen. Die Brote mit Abstand nebeneinander auf ein Backpapier legen, mit Wasser bestreichen und mit Kümmel bestreuen. Unter einem Leinentuch erneut 25 Minuten gehen lassen. Den Ofen samt Backblech oder Backstein auf 250 °C (Ober-/Unterhitze) vorheizen.

Backen:

Die Brote über Kreuz tief einschneiden und mit dem Backpapier auf das aufgeheizte Backblech geben und sofort in den Ofen schieben (mittlere Schiene) oder auf den heißen Backstein schießen. Bei 210 °C 45 Minuten backen. Auf einem Gitter abkühlen lassen.

Kräuterbrötchen

DINKELBRÖTCHEN

VORTEIG:
15 g Frischhefe
1 TL Gerstenmalz
165 ml Wasser (zimmerwarm)
75 g Dinkelvollkornmehl
200 g Dinkelmehl Type 630

HAUPTTEIG:
200 g Dinkelmehl Type 630
12 g Salz
60 ml Öl
135 ml Milch (zimmerwarm)
2–3 EL frische Kräuter, gehackt
¼ TL Paprikapulver
¼ TL gemahlener schwarzer Pfeffer
etwas Milch zum Bestreichen (zimmerwarm)

ZUBEREITUNG

Vorteig:

Die Zutaten des Vorteiges vermischen und ca. 5 Minuten mit der Maschine oder 10 Minuten per Hand durchkneten. Den Teig in der Schüssel mit einem Tuch abgedeckt warm 1 Stunde stehen lassen, bis er sich gut vergrößert hat. Bei Kälte die Schüssel in den Backofen stellen, in dem nur das Licht brennt.

Hauptteig:

Die Zutaten des Hauptteiges zum Vorteig geben und ca. 5 Minuten mit der Maschine oder 10 Minuten per Hand durchkneten. Dann unter einem Tuch in der Schüssel etwa 30 Minuten warm gehen lassen. Erneut kurz kneten, den Teig zu einem Rechteck von ca. 20 × 30 cm flach drücken und von der langen Seite aus aufrollen. Die Rolle in 15 Scheiben à 3 cm schneiden, jeweils zu Kugeln formen, mit Abstand nebeneinander auf ein Backpapier legen und mit Milch bestreichen. Unter einem Leinentuch erneut 30 Minuten gehen lassen. Den Ofen samt Backblech oder Backstein auf 250 °C (Ober-/Unterhitze) vorheizen.

Backen:

Das Backpapier mit den Quarkbrotchen auf das aufgeheizte Backblech geben und sofort in den Ofen schieben (mittlere Schiene) oder auf den heißen Backstein schießen. Bei 220 °C 15–20 Minuten backen. Auf einem Gitter abkühlen lassen.

15 Stück

1 Std. Gehen Vorteig
+ 1 Std. Gehen Stückgare
+ 20 Min. Backen

einfach

10 Stück

1 Std. Gehen Vorteig
+ 45 Min. Gehen Hauptteig
+ 15 Min. Gehen Stückgare
+ 15–20 Min. Backen

einfach

Quarkbrötchen

DINKELMISCHBRÖTCHEN MIT QUARK

VORTEIG:
10 g Frischhefe
1 TL Gerstenmalz
100 ml Wasser (zimmerwarm)
150 g Dinkelvollkornmehl

HAUPTTEIG:
100 g Quark (40 % Fett)
1 TL Salz
50 g Dinkelvollkornmehl
100 g Roggenvollkornmehl
50 ml Milch (zimmerwarm)
etwas Milch zum Bestreichen (zimmerwarm)

ZUBEREITUNG

Vorteig:

Die Zutaten des Vorteiges vermischen und ca. 5 Minuten mit der Maschine oder 10 Minuten per Hand durchkneten. In der Schüssel mit einem Tuch abgedeckt bei guter Zimmertemperatur 1 Stunde stehen lassen, bis sich der Teig gut vergrößert hat. Bei Kälte die Schüssel in den Backofen stellen, in dem nur das Licht brennt.

Hauptteig:

Quark, Salz, beide Mehlsorten und Milch zum Vorteig geben und ca. 5 Minuten mit der Maschine oder 10 Minuten per Hand durchkneten. Dann unter einem Tuch in der Teigschüssel etwa 45 Minuten warm gehen lassen. Den Ofen samt Backblech oder Backstein auf 250 °C (Ober-/Unterhitze) vorheizen. Anschließend den Teig erneut kurz kneten, den Teig zu einem Rechteck von ca. 20×30 cm flach drücken und von der langen Seite aus aufrollen. Die Rolle in 10 Scheiben à 3 cm schneiden. Die Scheiben mit Abstand nebeneinander auf Backpapier legen und mit Milch bestreichen. Unter einem Leinentuch erneut 15 Minuten gehen lassen.

Backen:

Das Backpapier mit den Quarkbrötchen auf das aufgeheizte Backblech geben und sofort in den Ofen (mittlere Schiene) schieben oder auf den heißen Backstein schießen. Bei 220 °C 15–20 Minuten backen. Auf einem Gitter abkühlen lassen.

Quinoabrötchen

DINKEL-QUINOA-BRÖTCHEN MIT MILCH

KOCHSTÜCK:
100g Quinoa
250ml Wasser

VORTEIG:
10g Frischhefe
1 TL Gerstenmalz
200g Dinkelmehl Type 1050
100ml Wasser (zimmerwarm)

HAUPTTEIG:
200g Dinkelmehl Type 1050
8g Salz
100ml Wasser (zimmerwarm)
50ml Milch (zimmerwarm)

ZUM BEMEHLEN:
40g Dinkelmehl Type 1050
40g Quinoamehl
4 EL Milch

ZUBEREITUNG

Kochstück:

Quinoa in ein Sieb geben, gründlich unter fließendem Wasser waschen und mit 250 ml Wasser 10 Minuten leicht kochen und weitere 15 Minuten ausquellen lassen. Anschließend komplett abkühlen lassen.

Vorteig:

Hefe, Malz, Mehl und Wasser dazugeben und ca. 5 Minuten mit der Maschine oder 10 Minuten per Hand durchkneten. In der Schüssel mit einem Tuch abgedeckt warm 1 Stunde stehen lassen, bis sich der Teig gut vergrößert hat. Bei Kälte die Schüssel in den Backofen stellen, in dem nur das Licht brennt.

Hauptteig:

Die Zutaten des Hauptteiges zum Vorteig geben und ca. 5 Minuten mit der Maschine oder 10 Minuten per Hand durchkneten. Der Teig ist recht weich. Dann unter einem Tuch in der Schüssel etwa 45 Minuten warm gehen lassen. Den Ofen samt Backblech oder Backstein auf 250 °C (Ober-/Unterhitze) vorheizen. Zum Bemehlen Dinkel- und Quinoamehl vermischen. Den Teig erneut kurz kneten, dann golfballgroße Teigportionen zwischen den angefeuchteten Handflächen rund rollen und etwas flach drücken. Anschließend erst kurz in die Milch tunken, dann in der Mehlmischung wenden. Die Brötchen mit Abstand nebeneinander auf ein Backpapier legen. Unter einem Leinentuch erneut 15 Minuten gehen lassen.

Backen:

Das Backpapier mit den Quinoabrötchen auf das aufgeheizte Backblech geben und sofort in den Ofen (mittlere Schiene) schieben oder auf den heißen Backstein schießen. Bei 220 °C 15–20 Minuten backen. Auf einem Gitter abkühlen lassen.

10–12 Stück

25 Min. Zubereitung Quinoa
+ 1 Std. Gehen Vorteig
+ 1 Std. Gehen Stückgare
+ 20 Min. Backen

einfach

1 Partyrad
(ca. 30 kleine Brötchen)

1 Std. Gehen Vorteig
+ 70 Min. Gehen Stückgare
+ 30 Min. Backen

einfach

Partyrad

BRÖTCHEN MIT VERSCHIEDENEN SAATEN

VORTEIG:
30 g Frischhefe
1 TL Gerstenmalz
300 ml Wasser (zimmerwarm)
100 g Dinkelvollkornmehl
400 g Dinkelmehl Type 630

HAUPTTEIG:
500 g Dinkelmehl Type 630
225 ml Wasser (zimmerwarm)
20 g Salz
20 g Butter (weich)

ZUM DEKORIEREN:
je 50 g Sesam, Mohn, Sonnenblumenkerne, Kümmel, Leinsamen, grobes Salz etc.

ZUBEREITUNG

Vorteig:
Die Zutaten des Vorteiges vermischen und ca. 5 Minuten mit der Maschine oder 10 Minuten per Hand durchkneten. In der Schüssel mit einem Tuch abgedeckt warm 1 Stunde stehen lassen, bis sich der Teig gut vergrößert hat. Bei Kälte die Schüssel in den Backofen stellen, in dem nur das Licht brennt.

Hauptteig:
Die Zutaten des Hauptteiges zum Vorteig geben und ca. 5 Minuten mit der Maschine oder 10 Minuten per Hand durchkneten. Dann unter einem Tuch in der Teigschüssel etwa 30 Minuten warm gehen lassen.
Den Teig erneut kurz kneten, zu einem Rechteck von ca. 20 × 30 cm flach drücken, von der langen Seite aus aufrollen und mit den Händen auf ca. 30 cm verlängern. Ca. 30 Scheiben à 1 cm abschneiden. Die Scheiben zu Kugeln formen und 10 Minuten unter einem Tuch im Warmen ruhen lassen. Dann die Kugeln kurz in eine Schüssel mit Wasser tauchen und mit der angefeuchteten Oberfläche in die verschiedenen Saaten drücken. Die Teiglinge von der Mitte aus im Kreis auf ein Backpapier zu einem Rad legen. Unter einem Leinentuch erneut 30 Minuten gehen lassen. Den Ofen samt Backblech oder Backstein auf 250 °C (Ober-/Unterhitze) vorheizen.

Backen:
Das Backpapier mit dem Partyrad auf das aufgeheizte Backblech geben und sofort in den Ofen schieben (mittlere Schiene) oder auf den heißen Backstein schießen. Bei 210 °C 25–30 Minuten backen. Auf einem Gitter abkühlen lassen.

Quarktaschen

KAFFEEGEBÄCK MIT QUARK

VORTEIG:
10 g Frischhefe
1 TL Gerstenmalz
100 ml Wasser (zimmerwarm)
150 g Weizenmehl Type 405

HAUPTTEIG:
150 g Weizenmehl Type 405
50 g Butter (weich)
40 g Zucker
50 ml Milch (zimmerwarm)
1 Prise Salz

FÜLLUNG:
250 g Quark (40 % Fett)
100 g Zucker
1 Eigelb
25 g Butter (weich)
etwas abgeriebene Zitronenschale
1 TL Rum
1 Eiweiß
1 TL Speisestärke

TIPP:
Gut passen auch noch Streusel auf die Quarktaschen (Rezept für Streusel siehe Seite 108: nur halbe Menge verwenden).

ZUBEREITUNG

Vorteig:

Die Zutaten des Vorteiges vermischen und ca. 5 Minuten mit der Maschine oder 10 Minuten per Hand durchkneten. In der Schüssel mit einem Tuch abgedeckt warm 1 Stunde stehen lassen, bis sich der Teig gut vergrößert hat. Bei Kälte die Schüssel in den Backofen stellen, in dem nur das Licht brennt.

Hauptteig:

Den Vorteig mit den Zutaten des Hauptteiges ca. 5 Minuten mit der Maschine oder 10 Minuten per Hand durchkneten. Dann unter einem Tuch in der Teigschüssel etwa 45 Minuten warm gehen lassen.

Füllung:

Quark, Zucker, Eigelb, Butter, Zitronenabrieb und Rum verrühren. Das Eiweiß steif schlagen, die Speisestärke einrühren und unter die Quarkmasse heben.
Den Ofen samt Backblech auf 200 °C (Ober-/Unterhitze) vorheizen. Den Teig erneut kurz kneten, in 10 Teile teilen und zu Quadraten von ca. 20 × 20 cm flach drücken. In die Mitte 2 bis 3 Esslöffel Quarkmasse geben, die Ecken Richtung Mitte etwas übereinanderschlagen und leicht andrücken. Die süßen Stückchen mit Abstand nebeneinander auf ein Backpapier legen. Unter einem Leinentuch erneut 15 Minuten gehen lassen.

Backen:

Das Backpapier mit den Quarktaschen auf das aufgeheizte Backblech geben und sofort in den Ofen schieben (mittlere Schiene) oder auf den heißen Backstein schießen. Bei 200 °C 20–25 Minuten backen. Auf einem Gitter abkühlen lassen.

10 Stück

1 Std. Gehen Vorteig
+ 45 Min. Gehen Hauptteig
+ 15 Min. Gehen Stückgare
+ 20–25 Min. Backen

einfach

10 Stück

1 Std. Gehen Vorteig
+ 45 Min. Gehen Hauptteig
+ 7 Min. im Waffeleisen backen

einfach

Buttermilchwaffeln

KAFFEEGEBÄCK

VORTEIG:
10 g Frischhefe
1 TL Gerstenmalz
100 ml Wasser (zimmerwarm)
150 g Weizenmehl Type 550

HAUPTTEIG:
ca. 200 ml Buttermilch (zimmerwarm)
150 g Weizenmehl Type 405
50 g Butter (weich)
40 g Zucker
1 EL Vanillezucker
2 Eier
1 Prise Salz
Öl für das Waffeleisen
ggf. Puderzucker zum Bestäuben

ZUBEREITUNG

Vorteig:

Die Zutaten des Vorteiges vermischen und ca. 5 Minuten mit der Maschine oder 10 Minuten per Hand durchkneten. In der Schüssel mit einem Tuch abgedeckt warm 1 Stunde stehen lassen, bis sich der Teig gut vergrößert hat. Bei Kälte die Schüssel in den Backofen stellen, in dem nur das Licht brennt.

Hauptteig:

100 ml von der Buttermilch zurückhalten. Den Vorteig mit den restlichen Zutaten des Hauptteiges ca. 5 Minuten mit einer Handrührmaschine durchmischen. Danach so viel Buttermilch schluckweise zugeben, bis ein dickflüssiger Teig entsteht. Unter einem Tuch in der Schüssel etwa 45 Minuten warm ruhen lassen. Dann erneut kurz durchrühren.

Backen:

Das Waffeleisen anheizen und mit Öl auspinseln, eine kleine Kelle Teig in das Waffeleisen geben und die Waffeln goldbraun backen (ca. 7 Minuten). Mit Puderzucker bestäuben. Am besten noch warm genießen.

Omas Butterkuchen

BLECHKUCHEN

VORTEIG:
15 g Frischhefe
1 TL Gerstenmalz
150 ml Wasser (zimmerwarm)
250 g Weizenmehl Type 405

HAUPTTEIG:
250 g Weizenmehl Type 405
125 g Butter (flüssig)
50 g Zucker
100 ml Milch (zimmerwarm)
1 Prise Salz
1 Ei

BELAG:
50 g Zucker
1 EL Zimt
100 g Butter (kalt)

TIPP:
Gut passen auch Mandelblättchen auf den Butterkuchen. Einfach 200 g unter die Streusel mischen.

ZUBEREITUNG

Vorteig:

Die Zutaten des Vorteiges vermischen und ca. 5 Minuten mit der Maschine oder 10 Minuten per Hand durchkneten. In der Schüssel mit einem Tuch abgedeckt warm 1 Stunde stehen lassen, bis sich der Teig gut vergrößert hat. Bei Kälte die Schüssel in den Backofen stellen, in dem nur das Licht brennt.

Hauptteig:

Den Vorteig mit den Zutaten des Hauptteiges ca. 5 Minuten mit der Maschine oder 10 Minuten per Hand durchkneten. Dann unter einem Tuch in der Schüssel etwa 45 Minuten warm gehen lassen. Erneut kurz kneten und den Teig auf einem Backpapier ca. 2 cm dünn ausrollen. Unter einem Leinentuch erneut 15 Minuten im Warmen gehen lassen. Den Ofen samt Backblech oder Backstein auf 200 °C (Ober-/Unterhitze) vorheizen.

Belag:

Zucker und Zimt für den Belag gut vermischen. In den Hefeteig mit den Fingern kleine Mulden drücken und dort hinein kleine Butterflöckchen setzen. Mit der Zimt-Zucker-Mischung gut bestreuen.

Backen:

Das Backpapier mit dem Butterkuchen auf das aufgeheizte Backblech geben und sofort in den Ofen schieben (mittlere Schiene) oder auf den heißen Backstein schießen. Bei 200 °C 20–25 Minuten backen. Auf einem Gitter abkühlen lassen.

1 Blech

1 Std. Gehen Vorteig
+ 45 Min. Gehen Hauptteig
+ 15 Min. Gehen Stückgare
+ 25 Min. Backen

einfach

10 Stück

1 Std. Gehen Vorteig
+ 45 Min. Gehen Hauptteig
+ 15 Min. Gehen Stückgare
+ 20–25 Min. Backen

einfach

Gefüllte Schnecken

KAFFEEGEBÄCK

VORTEIG:
10 g Frischhefe
1 TL Gerstenmalz
150 ml Wasser (zimmerwarm)
250 g Weizenmehl Type 405

FÜLLUNG:
50 g Sultaninen
50 g Korinthen
50 g gehobelte oder gehackte Mandeln
etwas abgeriebene Zitronenschale

HAUPTTEIG:
250 g Weizenmehl Type 405
125 g Butter (weich)
100 g Zucker
100 ml Milch (zimmerwarm)
1 Prise Salz

ZUBEREITUNG

Vorteig:
Die Zutaten des Vorteiges vermischen und ca. 5 Minuten mit der Maschine oder 10 Minuten per Hand durchkneten. In der Schüssel mit einem Tuch abgedeckt warm 1 Stunde stehen lassen, bis sich der Teig gut vergrößert hat. Bei Kälte die Schüssel in den Backofen stellen, in dem nur das Licht brennt.

Füllung:
Die Zutaten für die Füllung in einer Schüssel mischen.

Hauptteig:
Den Vorteig mit den Zutaten des Hauptteiges ca. 5 Minuten mit der Maschine oder 10 Minuten per Hand durchkneten. Dann unter einem Tuch in der Teigschüssel etwa 45 Minuten warm gehen lassen.
Erneut kurz kneten und den Teig zu einem Quadrat von ca. 40 × 40 cm ausrollen. Die Füllung darauf verteilen und die Teigplatte aufrollen. In ca. 3 cm dicke Scheiben schneiden und die Scheiben mit Abstand nebeneinander auf ein Backpapier legen. Unter einem Leinentuch erneut 15 Minuten gehen lassen. Den Ofen samt Backblech oder Backstein auf 200 °C (Ober-/Unterhitze) vorheizen.

Backen:
Das Backpapier mit den Schnecken auf das aufgeheizte Backblech geben und sofort in den Ofen schieben (mittlere Schiene) oder auf den heißen Backstein schießen. Bei 200 °C 20–25 Minuten goldbraun backen. Auf einem Gitter abkühlen lassen.

Apfeltaschen

KAFFEEGEBÄCK MIT APFELFÜLLUNG

VORTEIG:
10 g Frischhefe
1 TL Gerstenmalz
100 ml Wasser (zimmerwarm)
150 g Weizenmehl Type 405

FÜLLUNG:
1 kg säuerliche Äpfel (z. B. Boskop)
50 g Zucker
2–3 EL Zitronensaft

HAUPTTEIG:
150 g Weizenmehl Type 405
50 g Butter (weich)
40 g Zucker
50 ml Milch (zimmerwarm)
1 Prise Salz
1 Eigelb zum Bestreichen

ZUBEREITUNG

Vorteig:

Die Zutaten des Vorteiges vermischen und ca. 5 Minuten mit der Maschine oder 10 Minuten per Hand durchkneten. In der Schüssel mit einem Tuch abgedeckt warm 1 Stunde stehen lassen, bis sich der Teig gut vergrößert hat. Bei Kälte die Schüssel in den Backofen stellen, in dem nur das Licht brennt.

Füllung:

Äpfel schälen, vierteln, entkernen und in Spalten schneiden. Äpfel in einer Schüssel mit dem Zucker und dem Zitronensaft mischen.

Hauptteig:

Den Vorteig mit den Zutaten des Hauptteiges ca. 5 Minuten mit der Maschine oder 10 Minuten per Hand durchkneten. Dann unter einem Tuch in der Schüssel etwa 45 Minuten warm gehen lassen. Erneut kurz kneten, den Teig in 10 Teile teilen und jeweils zu Quadraten von ca. 20 × 20 cm flach drücken. Auf die eine Hälfte der Quadrate jeweils 1 Handvoll Apfelspalten verteilen. Die andere Teighälfte von außen ca. 8 cm kammartig einschneiden, dann die Teigstreifen über die Apfelmasse schlagen und an den Seiten andrücken. Die Apfeltaschen mit Abstand nebeneinander auf ein Backpapier legen. Unter einem Leinentuch erneut 15 Minuten gehen lassen. Den Ofen samt Backblech oder Backstein auf 200 °C (Ober-/ Unterhitze) vorheizen.

Backen:

Die Apfeltaschen mit Eigelb bestreichen. Das Backpapier mit den Apfeltaschen auf das aufgeheizte Backblech geben und sofort in den Ofen schieben (mittlere Schiene) oder auf den heißen Backstein schießen.
Bei 200 °C 20–25 Minuten backen. Auf einem Gitter abkühlen lassen.

10 Stück

1 Std. Gehen Vorteig
+ 45 Min. Gehen Hauptteig
+ 15 Min. Gehen Stückgare
+ 20–25 Min. Backen

einfach

Rezepte mit verlängertem Hefevorteig

Gerstenmalzbrot

MALZBROT MIT GERSTENSCHROT

VORTEIG:

100 g Gerstenschrot
300 ml kaltes Wasser (wenn selbstgemachte Hefe verwendet wird 250 ml kaltes Wasser)
10 g Frischhefe (50 ml/g eigene Hefe, wenn selbstgemachte Hefe verwendet wird)
100 g Gerstenvollkornmehl
100 g Weizenmehl Type 1050

HAUPTTEIG:

700 g Weizenmehl Type 1050
100 ml Wasser (kalt)
20 g Salz
1 EL Kümmel
160 ml Pils oder helles Weizenbier (zimmerwarm)
50 ml Milch (zimmerwarm)

NACH DEM BACKEN:

50 ml Milch (zimmerwarm)

ZUBEREITUNG

Vorteig:

Alle Zutaten des Vorteiges vermischen, kurz durchkneten und in der Schüssel abgedeckt ca. 3 Stunden an einem warmen Ort ruhen lassen. Bei Kälte die Schüssel in den Backofen stellen, in dem nur das Licht brennt.

Hauptteig:

Den Vorteig mit den Zutaten des Hauptteiges vermischen, dabei zuerst etwas Wasser zurückhalten, um die Festigkeit zu steuern. Gut durchkneten. In der Schüssel abgedeckt ca. 1 Stunde an einem warmen Ort gehen lassen, bis sich der Teig deutlich vermehrt hat. Den Teig erneut zusammenkneten, dann halbieren und jede Hälfte erneut in 2 gleiche Teile trennen. Jeden Teil zu einer Kugel formen und jeweils 2 Teigkugeln aneinander auf ein Backpapier setzen. So weitere 30 Minuten gehen lassen. Den Backofen samt Backblech oder Backstein auf 250 °C (Ober-/Unterhitze) vorheizen.

Backen:

Die Teiglinge auf dem Backpapier auf das vorgeheizten Backblech in den Backofen geben (mittlere Schiene) oder auf den Backstein einschießen. Die Brote für 10 Minuten bei 250 °C anbacken, dann für weitere 35 Minuten bei 180 °C fertigbacken. Die Gerstenmalzbrote nach dem Backen mit 50 ml Milch bepinseln und abkühlen lassen.

2 Brote à 750 g

3 Std. Gehen Vorteig
+ 90 Min. Gehen Stückgare
+ 45 Min. Backen

einfach

1 Brot à 750 g

3 Std. Gehen Vorteig
+ 1 Std. Gehen Hauptteig
+ 30 Min. Gehen Stückgare
+ 45 Min. Backen

einfach

Sonnenblumen-Buttermilch-Brot

VOLLKORNBROT MIT SONNENBLUMENKERNEN

VORTEIG:
5 g Frischhefe (25 ml/g eigene Hefe, wenn selbstgemachte Hefe verwendet wird)
1 TL Gerstenmalz
120 ml zimmerwarmes Wasser (95 ml Wasser, wenn selbstgemachte Hefe verwendet wird)
150 g Weizenvollkornmehl

HAUPTTEIG:
200 g Weizenmehl Type 1050
100 g Dinkelmehl Type 1050
9 g Salz
1 EL Butter (weich)
100 ml Buttermilch (zimmerwarm)
100 g Sonnenblumenkerne
50 ml Wasser (zimmerwarm)

DEKORATION:
5 EL Sonnenblumenkerne

ZUBEREITUNG

Vorteig:

Alle Zutaten des Vorteiges vermischen und kurz gut durchkneten. Den Teig in der Schüssel mit einem feuchten Tuch abgedeckt ca. 3 Stunden in den Backofen stellen, in dem nur das Licht brennt.

Hauptteig:

Den Vorteig mit den Zutaten des Hauptteiges zusammengeben, dabei etwas Wasser zurückhalten, um die Festigkeit zu steuern. Mit der Hand 10 Minuten oder mit der Maschine 5 Minuten gut durchkneten. In der Schüssel abgedeckt ca. 1 Stunde an einem warmen Ort gehen lassen, bis sich der Teig deutlich vergrößert hat. Den Teig erneut zusammenkneten, zu einer Kugel formen, mit etwas Wasser bestreichen und mit der schönen Seite in den Sonnenblumenkernen wälzen. Auf ein Backpapier setzen und weitere 30 Minuten gehen lassen. Den Backofen samt Backblech oder Backstein auf 250 °C (Ober-/Unterhitze) vorheizen.

Backen:

Dann den Teigling auf dem Backpapier auf das vorgeheizte Backblech in den Backofen geben (mittlere Schiene) oder auf den Backstein einschießen. Das Brot für 10 Minuten bei 250 °C anbacken, dann für weitere 35 Minuten bei 180 °C fertigbacken. Das fertige Brot abkühlen lassen.

Haferflockenbrot

FREIGESCHOBENES BROT MIT HAFERFLOCKEN

QUELLSTÜCK:
150 g grobe Haferflocken
220 ml Milch (zimmerwarm)
2 EL Sonnenblumenöl

VORTEIG:
4 g Frischhefe (20 ml/g eigene Hefe, wenn selbstgemachte Hefe verwendet wird)
1 TL Reismalz
150 g Weizenvollkornmehl
150 ml zimmerwarmes Wasser (130 ml Wasser, wenn selbstgemachte Hefe verwendet wird)

HAUPTTEIG:
250 g Dinkelmehl Type 1050
8 g Salz

DEKORATION:
2 EL grobe Haferflocken

ZUBEREITUNG

Quellstück:

Haferflocken, Milch und Öl vermischen und 3 Stunden einweichen.

Vorteig:

Alle Zutaten des Vorteiges vermischen, kurz gut durchkneten und in der Schüssel mit einem feuchten Tuch abgedeckt ca. 3 Stunden in den Backofen stellen, in dem nur das Licht brennt.

Hauptteig:

Den Vorteig mit den Zutaten des Hauptteiges und den eingeweichten Haferflocken samt der nicht aufgenommenen Milch vermischen. Mit der Hand 10 Minuten oder mit der Maschine 5 Minuten zu einem weichen Teig gut durchkneten. In der Schüssel abgedeckt ca. 1 Stunde an einem warmen Ort gehen lassen, bis sich der Teig deutlich vergrößert hat.
Den Teig erneut zusammenkneten, zu einer Kugel formen, dann wie eine Walze formen, mit etwas Wasser bestreichen und mit der schönen Seite in den Haferflocken wälzen. Den Teigling auf ein Backpapier setzen und weitere 30 Minuten gehen lassen. Den Backofen samt Backblech oder Backstein auf 250 °C (Ober-/Unterhitze) vorheizen.

Backen:

Dann die Teiglinge auf dem Backpapier auf das vorgeheizte Backblech in den Backofen geben (mittlere Schiene) oder auf den Backstein einschießen. Das Brot für 10 Minuten bei 250 °C anbacken, dann für weitere 35 Minuten bei 180 °C fertigbacken. Das fertige Brot abkühlen lassen.

1 längliches Brot à 750 g (kann auch in einer Kastenform gebacken werden)

3 Std. Gehen Vorteig
+ 1 Std. Gehen Hauptteig
+ 30 Min. Gehen Stückgare
+ 45 Min. Backen

einfach

1 Brot à 1,5 kg

3 Std. Gehen Vorteig
+ 1 Std. Gehen Hauptteig
+ 30 Min. Gehen Stückgare
+ 70 Min. Backen

einfach

Dreikornbrot

FREIGESCHOBENES VOLLKORNBROT AUS DREI GETREIDESORTEN

VORTEIG:

5 g Frischhefe (25 ml/g eigene Hefe, wenn selbstgemachte Hefe verwendet wird)
1 TL Gerstenmalz
150 ml zimmerwarmes Wasser (125 ml Wasser, wenn selbstgemachte Hefe verwendet wird)
200 g Weizenvollkornmehl

BRÜHSTÜCK:

250 g Roggenschrot
200 g Gerstenschrot
500 ml kochendes Wasser

HAUPTTEIG:

300 g Weizenvollkornmehl
150 ml Buttermilch (zimmerwarm)
50 ml Rapsöl
20 g Salz

ZUBEREITUNG

Vorteig:

Alle Zutaten des Vorteiges vermischen, kurz gut durchkneten und in der Schüssel mit einem feuchten Tuch abgedeckt ca. 3 Stunden in den Backofen stellen, in dem nur das Licht brennt.

Brühstück:

Roggen- und Gerstenschrot mit dem kochenden Wasser übergießen und gut durchrühren. 3 Stunden mit einem Tuch abgedeckt stehen lassen, danach überschüssiges Wasser abgießen.

Hauptteig:

Den Vorteig, das Brühstück und die Zutaten des Hauptteiges zusammengeben. Mit der Hand 10 Minuten oder mit der Maschine 5 Minuten gut durchkneten. Den Teig in der Schüssel abgedeckt ca. 1 Stunde an einem warmen Ort gehen lassen, bis sich der Teig deutlich vergrößert hat.

Den Teig erneut zusammenkneten und zu einer Kugel formen. Auf ein Backpapier setzen und weitere 30 Minuten gehen lassen. Den Backofen samt Backblech oder Backstein auf 250 °C (Ober-/Unterhitze) vorheizen.

Backen:

Den Teigling 2-mal einschneiden und auf dem Backpapier auf das vorgeheizten Backblech in den Backofen geben (mittlere Schiene) oder auf den Backstein einschießen. Das Brot für 10 Minuten bei 250 °C anbacken, dann für weitere 60 Minuten bei 180 °C fertigbacken. Das fertige Brot abkühlen lassen.

Vintschgauer Fladen

KRÄFTIG GEWÜRZTE VOLLKORNFLADEN

VORTEIG:

5 g Frischhefe (25 ml/g eigene Hefe, wenn selbstgemachte Hefe verwendet wird)
1 TL Gerstenmalz
120 ml zimmerwarmes Wasser (95 ml Wasser, wenn selbstgemachte Hefe verwendet wird)
150 g Weizenvollkornmehl

HAUPTTEIG:

250 g Dinkelmehl Type 1050
200 g Roggenvollkornmehl
12 g Salz
1 TL Kümmel
½ TL Fenchel
¼ TL Bockshornklee
40 g Butter (weich)
280 ml Wasser (zimmerwarm)
50 g Roggenmehl zum Bestäuben

ZUBEREITUNG

Vorteig:

Alle Zutaten des Vorteiges vermischen, kurz gut durchkneten und in der Schüssel mit einem feuchten Tuch abgedeckt ca. 3 Stunden in den Backofen stellen, in dem nur das Licht brennt.

Hauptteig:

Den Vorteig zu den Zutaten des Hauptteiges geben. Etwas Wasser zurückhalten, um die Festigkeit zu steuern. Mit der Hand 10 Minuten oder mit der Maschine 5 Minuten gut durchkneten. Auch wenn der Teig sehr klebt, kein Mehl zugeben! In der Schüssel abgedeckt ca. 1 Stunde an einem warmen Ort gehen lassen, bis sich der Teig deutlich vergrößert hat.
Den Teig erneut zusammenkneten. Anschließend hühnereigroße Teigstücke abnehmen, zwischen den gut feuchten Handflächen zu Fladen flach drücken, im Roggenmehl wenden und auf ein Backpapier setzen. Weitere 30 Minuten gehen lassen. Den Backofen samt Backblech oder Backstein auf 250 °C (Ober-/Unterhitze) vorheizen.

Backen:

Die Fladen auf dem Backpapier auf das vorgeheizten Backblech in den Backofen geben (mittlere Schiene) oder auf den Backstein einschießen. Für 10 Minuten bei 250 °C anbacken, dann für weitere 20 Minuten bei 180 °C fertigbacken. Die Vintschgauer Fladen abkühlen lassen.

8 Fladen

3 Std. Gehen Vorteig
+ 1 Std. Gehen Hauptteig
+ 30 Min. Gehen Stückgare
+ 30 Min. Backen

einfach

4 Fladenbrote

3 Std. Gehen Vorteig
+ 45 Min. Gehen Stückgare
+ 25 Min. Backen

einfach

Indisches Naanbrot

FLADENBROT FÜR GEMÜSEEINTOPF UND SCHMORFLEISCH

VORTEIG:
5 g Frischhefe (25 ml/g eigene Hefe, wenn selbstgemachte Hefe verwendet wird)
1 TL Gerstenmalz
130 ml zimmerwarme Milch (105 ml Wasser, wenn selbstgemachte Hefe verwendet wird)
200 g Weizenvollkornmehl

HAUPTTEIG:
400 Weizenmehl Type 1050
12 g Salz
½ TL Kardamom
½ TL Cumin
150 g Joghurt (zimmerwarm)
50 g Butterschmalz („Ghee")

ZUM BESTREICHEN:
2–3 EL Joghurt
1 EL Sesam
1 EL Kümmel
1 EL gemischte Kräuter (Koriander, Kreuzkümmel etc. nach Geschmack)

ZUBEREITUNG

Vorteig:

Die Zutaten des Vorteiges zusammenkneten. Unter einem feuchten Tuch bei Zimmertemperatur ca. 3 Stunden gehen lassen. Bei Kälte die Schüssel in den Backofen stellen, in dem nur das Licht brennt.

Hauptteig:

Den Vorteig mit den Zutaten des Hauptteiges 10 Minuten mit der Hand oder 5 Minuten mit der Maschine kneten. Den Teig zu einer Teigplatte flach drücken, ein Drittel des Teiges umschlagen, die andere Teigseite darüberlegen. Den Teig um 90 ° drehen, erneut flach drücken und zu einem Drittel umschlagen, die andere Seite wieder darüberlegen. Das Falten dreimal wiederholen. Den Teig zu einer Teigplatte von ca. 30 × 40 cm flach drücken und von der langen Seite aus aufrollen. Den Teigstrang in 4 Stücke teilen und ca. 5 Minuten zur Entspannung ruhen lassen. Mit den Fingern zu Fladen formen und auf ein Backpapier legen. Mit Joghurt einstreichen und mit Sesam, Kümmel und den Kräutern bestreuen. Mit einem Tuch abgedeckt im Ofen, in dem nur das Licht brennt, ca. 20 Minuten ruhen lassen. Das Naanbrot herausnehmen und den Backofen samt Backblech auf ca. 200 °C (Ober-/Unterhitze) vorheizen. Die Fladen für weitere 20 Minuten in den Kühlschrank stellen.

Backen:

Die Fladen aus dem Kühlschrank nehmen, samt Backpapier auf das heiße Backblech legen und sofort in den Backofen (mittlere Schiene) einschieben. Ca. 25 Minuten backen. Wenn die Oberfläche dunkel wird, sind die Fladen fertig.

Weizenkeimbrot

BALLASTSTOFFREICHES WEIZENBROT

QUELLSTÜCK:
100 g Weizenkeime
2 EL Sonnenblumenöl
200 ml Wasser (zimmerwarm)

VORTEIG:
5 g Frischhefe (25 ml/g eigene Hefe, wenn selbstgemachte Hefe verwendet wird)
1 TL Reismalz
100 g Weizenvollkornmehl
100 ml zimmerwarmes Wasser (75 ml Wasser, wenn selbstgemachte Hefe verwendet wird)

HAUPTTEIG:
300 g Weizenvollkornmehl
100 ml Wasser (zimmerwarm)
3 EL Weizenkeimöl
8 g Salz

DEKORATION:
2 EL Weizenkeime

ZUBEREITUNG

Quellstück:

Weizenkeime, Öl und Wasser vermischen und 3 Stunden quellen lassen.

Vorteig:

Alle Zutaten des Vorteiges kurz gut durchkneten und in der Schüssel unter einem feuchten Tuch ca. 3 Stunden in den Backofen stellen, in dem nur das Licht brennt.

Hauptteig:

Den Vorteig mit den Zutaten des Hauptteiges und den eingeweichten Weizenkeime samt dem nicht aufgenommenen Wasser vermischen. Mit der Hand 10 Minuten oder mit der Maschine 5 Minuten zu einem weichen Teig gut durchkneten. In der Schüssel abgedeckt ca. 1 Stunde an einem warmen Ort gehen lassen, bis sich der Teig deutlich vergrößert hat.
Den Teig erneut zusammenkneten. Den Teig erst zu einer Kugel, dann zu einer Walze formen, mit etwas Wasser bestreichen und mit der schönen Seite in den Weizenkeimen wälzen. Auf ein Backpapier setzen und weitere 30 Minuten gehen lassen. Den Backofen samt Backblech oder Backstein auf 250 °C (Ober-/Unterhitze) vorheizen.

Backen:

Den Teigling auf dem Backpapier auf das vorgeheizten Backblech in den Backofen geben (mittlere Schiene) oder auf den Backstein einschießen. Das Brot für 10 Minuten bei 250 °C anbacken, dann weitere 35 Minuten bei 180 °C fertigbacken. Das fertige Brot abkühlen lassen.

1 längliches Brot à 750 g

3 Std. Gehen Vorteig
+ 1 Std. Gehen Hauptteig
+ 30 Min. Gehen Stückgare
+ 45 Min. Backen

einfach

2 freigeschobene Brote
à 1000 g
(geht auch gut in einer Kastenform)

3 Std. Gehen Vorteig
+ 1 Std. Gehen Hauptteig
+ 30 Min. Gehen Stückgare
+ 70 Min. Backen

einfach

Dinkelsaatenbrot

DINKELVOLLKORNBROT

QUELLSTÜCK:

150 g Leinsamen
200 ml Wasser (zimmerwarm)
2 EL Sonnenblumenöl
50 ml Essig

VORTEIG:

10 g Frischhefe (50 ml/g eigene Hefe, wenn selbstgemachte Hefe verwendet wird)
1 TL Reismalz
200 g Dinkelvollkornmehl
200 ml zimmerwarmes Wasser (150 ml Wasser, wenn selbstgemachte Hefe verwendet wird)

HAUPTTEIG:

800 g Dinkelvollkornmehl
500 ml Wasser (zimmerwarm)
100 g Sonnenblumenkerne
100 g Sesamsaat
50 ml Essig
20 g Salz

ZUBEREITUNG

Quellstück:

Leinsamen, Wasser, Öl und Essig vermischen und 3 Stunden quellen lassen.

Vorteig:

Alle Zutaten des Vorteiges zusammengeben, kurz gut durchkneten und in der Schüssel unter einem feuchten Tuch abgedeckt ca. 3 Stunden in den Backofen stellen, in dem nur das Licht brennt.

Hauptteig:

Den Vorteig mit den Zutaten des Hauptteiges und den eingeweichten Leinsamen samt dem nicht aufgenommenen Wasser vermischen. Mit der Hand 10 Minuten oder mit der Maschine 5 Minuten zu einem weichen Teig gut durchkneten. In der Schüssel abgedeckt ca. 1 Stunde an einem warmen Ort gehen lassen, bis sich der Teig deutlich vergrößert hat. Den Teig halbieren. Jede Hälfte erneut zusammenkneten, erst zu Kugeln, dann jeweils zu einer Walze formen. Auf ein Backpapier setzen und weitere 30 Minuten gehen lassen. Den Backofen samt Backblech oder Backstein auf 250 °C (Ober-/Unterhitze) vorheizen.

Backen:

Die Teiglinge schräg tief einschneiden und auf das vorgeheizte Backblech in den Backofen geben (2. Schiene von unten) oder auf den Backstein einschießen. Die Brote für 10 Minuten bei 250 °C anbacken, dann für weitere 60 Minuten bei 180 °C fertigbacken. Das fertige Brot abkühlen lassen.

Schwabenlaib

FREIGESCHOBENES BROT AUS DREI GETREIDESORTEN

VORTEIG:

200 g gekochte Pellkartoffeln
10 g Frischhefe (50 ml/g eigene Hefe, wenn selbstgemachte Hefe verwendet wird)
1 TL Gerstenmalz
150 ml zimmerwarmes Wasser (100 ml Wasser, wenn selbstgemachte Hefe verwendet wird)
200 g Weizenmehl Type 1050

HAUPTTEIG:

550 g Weizenmehl Type 1050
200 g Dinkelmehl Type 1050
50 g Roggenmehl Type 1150
500 ml Wasser (zimmerwarm)
50 ml Rapsöl
20 g Salz

ZUBEREITUNG

Vorteig:

Pellkartoffeln noch heiß schälen und durch eine Presse drücken. Alle Zutaten des Vorteiges dazugeben und kurz gut durchkneten. Die Schüssel mit einem feuchten Tuch abgedeckt ca. 3 Stunden in den Backofen stellen, in dem nur das Licht brennt.

Hauptteig:

Den Vorteig mit den Zutaten des Hauptteiges zusammengeben. Mit der Hand 10 Minuten oder mit der Maschine 5 Minuten gut durchkneten. In der Schüssel abgedeckt ca. 1 Stunde an einem warmen Ort gehen lassen, bis sich der Teig deutlich vergrößert hat.
Den Teig erneut zusammenkneten. Den Teig zu einer Kugel formen und auf ein Backpapier setzen. Weitere 30 Minuten gehen lassen. Den Backofen samt Backblech oder Backstein auf 250 °C (Ober-/Unterhitze) vorheizen.

Backen:

Den Teigling einschneiden, samt Backpapier auf das vorgeheizte Backblech geben und in den Backofen schieben (mittlere Schiene) oder auf den Backstein einschießen. Das Brot für 10 Minuten bei 250 °C anbacken, dann für weitere 70 Minuten bei 180 °C fertigbacken. Den Schwabenlaib abkühlen lassen.

1 Brot à 1,5 kg

3 Std. Gehen Vorteig
+ 1 Std. Gehen Hauptteig
+ 30 Min. Gehen Stückgare
+ 80 Min. Backen

einfach

1 Blech

3 Std. Gehen Vorteig
+ 1 Std. Gehen Hauptteig
+ 30 Min. Gehen Stückgare
+ 25 Min. Backen

einfach

Streusel-Quark-Kuchen

BLECHKUCHEN

VORTEIG:

5 g Frischhefe (25 ml/g eigene Hefe, wenn selbstgemachte Hefe verwendet wird)
1 TL Gerstenmalz
120 ml zimmerwarmes Wasser (95 ml Wasser, wenn selbstgemachte Hefe verwendet wird)
150 g Weizenmehl Type 550

HAUPTTEIG:

300 g Weizenmehl Type 405
50 g Zucker
1 Prise Salz
50 g Butter (weich)
100 ml Milch (zimmerwarm)
1 Ei

FÜLLUNG:

200 g Butter (weich)
200 g Zucker
3 Eier
1 kg Quark (20 % Fett)
40 g Speisestärke
1 Prise Salz
1 EL abgeriebene Zitronenschale

STREUSEL:

200 g Butter
350 g Weizenmehl Type 405
200 g Zucker
1 Prise Salz
1 Prise Zimt

ZUBEREITUNG

Vorteig:

Alle Zutaten des Vorteiges kurz gut durchkneten und in der Schüssel mit einem feuchten Tuch abgedeckt ca. 3 Stunden in den Backofen stellen, in dem nur das Licht brennt.

Hauptteig:

Den Vorteig mit den Zutaten des Hauptteiges vermischen. Mit der Hand 10 Minuten oder mit der Maschine 5 Minuten gut durchkneten. In der Schüssel abgedeckt ca. 1 Stunde an einem warmen Ort gehen lassen, bis sich der Teig deutlich vergrößert hat.
Erneut zusammenkneten. Den Teig auf einem Backpapier in Blechgröße ausrollen. So nochmals 30 Minuten gehen lassen. Den Backofen samt Backblech auf 210 °C (Ober-/Unterhitze) vorheizen.

Füllung:

Butter mit Zucker schaumig rühren. Eier, Quark, Stärke, Salz und Zitronenabrieb dazugeben und gründlich untermischen.

Streusel:

Die Butter schmelzen lassen. Mehl, Zucker, Salz und Zimt in einer Schüssel mischen. Die zerlassene Butter unter ständigem Rühren tropfenweise dazugeben. Den Teig mit Händen zu Streuseln reiben. Die Quarkmischung auf dem gegangenen Teig verteilen. Die Streusel darübergeben.

Backen:

Den Kuchen auf dem Backpapier auf das vorgeheizte Backblech ziehen und in den Backofen geben (mittlere Schiene). Den Kuchen etwa 25 Minuten bei 210 °C goldgelb backen.

Apfelkuchen

STREUSELKUCHEN VOM BLECH

VORTEIG:
5 g Frischhefe (25 ml/g eigene Hefe, wenn selbstgemachte Hefe verwendet wird)
1 TL Gerstenmalz
120 ml zimmerwarmes Wasser (95 ml Wasser, wenn selbstgemachte Hefe verwendet wird)
150 g Weizenmehl Type 550

HAUPTTEIG:
100 g Weizenmehl Type 405
25 g Zucker
1 Prise Salz
30 g Butter (weich)
1 Ei

FÜLLUNG:
2 bis 3 kg säuerliche Äpfel (z. B. Boskop)
2 EL Zitronensaft

STREUSEL:
200 g Butter
350 g Weizenmehl Type 405
200 g Zucker
1 Prise Salz
1 Prise Zimt
100 g Korinthen oder Sultaninen

ZUBEREITUNG

Vorteig:

Alle Zutaten des Vorteiges kurz gut durchkneten und in der Schüssel mit einem feuchten Tuch abgedeckt ca. 3 Stunden in den Backofen stellen, in dem nur das Licht brennt.

Hauptteig:

Den Vorteig mit den Zutaten des Hauptteiges vermischen. Mit der Hand 10 Minuten oder mit der Maschine 5 Minuten gut durchkneten. In der Schüssel abgedeckt ca. 1 Stunde an einem warmen Ort gehen lassen, bis sich der Teig deutlich vergrößert hat.
Erneut zusammenkneten. Den Teig auf einem Backpapier in Blechgröße ausrollen und weitere 30 Minuten gehen lassen. Den Backofen samt Backblech auf 210 °C (Ober-/Unterhitze) vorheizen.

Füllung:

Äpfel schälen, vierteln, in Spalten schneiden und in einer Schüssel mit dem Zitronensaft mischen.

Streusel:

Die Butter schmelzen lassen. Mehl, Zucker, Salz und Zimt in einer Schüssel mischen. Die zerlassene Butter unter ständigem Rühren tropfenweise dazugeben. Den Teig mit Händen zu Streuseln reiben.
Die Apfelspalten dicht auf dem Kuchen verteilen, die Korinthen oder Sultaninen darüberstreuen und mit den Streuseln bedecken.

Backen:

Den Kuchen auf dem Backpapier auf das vorgeheizte Backblech ziehen und in den Backofen geben (mittlere Schiene). Den Kuchen etwa 30 Minuten bei 210 °C goldgelb backen.

1 Blech

3 Std. Gehen Vorteig
+ 1 Std. Gehen Hauptteig
+ 30 Min. Gehen Stückgare
+ 30 Min. Backen

einfach

1 Blech

3 Std. Gehen Vorteig
+ 1 Std. Gehen Hauptteig
+ 30 Min. Gehen Stückgare
+ 30 Min. Backen

einfach

Zwetschgendatschi

ZWETSCHGENKUCHEN VOM BLECH

VORTEIG:

5 g Frischhefe (25 ml/g eigene Hefe, wenn selbstgemachte Hefe verwendet wird)
1 TL Gerstenmalz
120 ml zimmerwarmes Wasser (95 ml Wasser, wenn selbstgemachte Hefe verwendet wird)
150 g Weizenmehl Type 550

HAUPTTEIG:

100 g Weizenmehl Type 405
25 g Zucker
1 Prise Salz
30 g Butter (weich)
1 Ei

FÜLLUNG:

1,5–2 kg Zwetschgen
75 g Zucker
1 TL Zimt

TIPP:

Auch mit 3–4 EL Mandelstiften und Streuseln sehr lecker.

ZUBEREITUNG

Vorteig:

Alle Zutaten des Vorteiges kurz gut durchkneten und in der Schüssel mit einem feuchten Tuch abgedeckt ca. 3 Stunden in den Backofen stellen, in dem nur das Licht brennt.

Hauptteig:

Den Vorteig mit den Zutaten des Hauptteiges vermischen und mit der Hand 10 Minuten oder mit der Maschine 5 Minuten gut durchkneten. In der Schüssel abgedeckt ca. 1 Stunde an einem warmen Ort gehen lassen, bis sich der Teig deutlich vergrößert hat. Erneut zusammenkneten. Den Teig auf einem Backpapier in Blechgröße ausrollen und weitere 30 Minuten gehen lassen. Den Backofen samt Backblech auf 210 °C (Ober-/Unterhitze) vorheizen.

Füllung:

Zwetschgen waschen, halbieren, entsteinen und jede Hälfte oben und unten je ein Viertel tief einschneiden. Zucker und Zimt mischen. Die Zwetschgenhälften dicht auf den Kuchen geben, sodass jede Reihe die vorherige mindestens zur Hälfte überdeckt. Zimtzucker darüberstreuen.

Backen:

Den Kuchen auf dem Backpapier auf das vorgeheizte Backblech ziehen und in den Backofen schieben (mittlere Schiene). Den Kuchen etwa 30 Minuten bei 210 °C goldgelb backen.

Gefüllte Streusel

STREUSELFLADEN MIT VANILLECREMEFÜLLUNG

VORTEIG:
5 g Frischhefe (25 ml/g eigene Hefe, wenn selbstgemachte Hefe verwendet wird)
1 TL Gerstenmalz
120 ml zimmerwarmes Wasser (95 ml Wasser, wenn selbstgemachte Hefe verwendet wird)
150 g Weizenmehl Type 550

HAUPTTEIG:
300 g Weizenmehl Type 405
50 g Zucker
1 Prise Salz
50 g Butter (weich)
100 ml Milch (zimmerwarm)
1 Ei

STREUSEL:
200 g Butter
350 g Weizenmehl Type 405
200 g Zucker
1 Prise Salz
1 Prise Zimt

FÜLLUNG:
2 Eier
25 g Speisestärke
500 ml Milch
½ Vanilleschote
50 g Zucker

DEKORATION:
etwas Puderzucker

ZUBEREITUNG

Vorteig:

Alle Zutaten des Vorteiges kurz gut durchkneten und in der Schüssel mit einem feuchten Tuch abgedeckt ca. 3 Stunden in den Backofen stellen, in dem nur das Licht brennt.

Hauptteig:

Den Vorteig mit den Zutaten des Hauptteiges vermischen und mit der Hand 10 Minuten oder mit der Maschine 5 Minuten gut durchkneten. In der Schüssel abgedeckt ca. 1 Stunde an einem warmen Ort gehen lassen, bis sich der Teig deutlich vergrößert hat. Erneut zusammenkneten. Den Teig in 4 Stücke teilen und jeweils auf Backpapier ca. 4–5 cm dick rund ausrollen. Weitere 30 Minuten gehen lassen. Den Backofen samt Backblech auf 210 °C (Ober-/Unterhitze) vorheizen.

Steusel:

Die Butter schmelzen lassen. Mehl, Zucker, Salz und Zimt in einer Schüssel mischen. Die zerlassene Butter unter ständigem Rühren tropfenweise dazugeben. Den Teig mit Händen zu Streuseln reiben. Die Streusel auf den Teigfladen verteilen.

Füllung:

Die Eier trennen. Eigelbe mit der Stärke verrühren, 4–5 Esslöffel Milch dazugeben und glatt rühren. Die Vanilleschote aufschneiden, das Vanillemark herauskratzen und hinzufügen. Die restliche Milch mit der ausgekratzten Vanilleschote und dem Zucker aufkochen. Die Stärkemischung vorsichtig untermischen und unter ständigem Rühren einmal kräftig aufkochen. Die Vanilleschote herausnehmen. Das Eiweiß steif

schlagen und vorsichtig unterheben, die Creme in eine Schüssel füllen und kalt stellen. Damit sich keine Haut bildet etwas Zucker aufstreuen.

Backen:

Die Streuselfladen auf dem Backpapier auf das vorgeheizte Backblech in den Backofen geben (mittlere Schiene). Etwa 20 Minuten bei 210 °C goldgelb backen.

Dekorieren:

Die abgekühlten Fladen horizontal aufschneiden. Die abgekühlte Creme in einen Spritzbeutel geben und auf die Fladenunterteile spritzen. Die Oberteile wieder aufsetzen und mit Puderzucker bestäuben.

4 Stück

3 Std. Gehen Vorteig
+ 1 Std. Gehen Hauptteig
+ 30 Min. Gehen Stückgare
+ 20 Min. Backen

etwas aufwendiger

18 Stück

3 Std. Gehen Vorteig
+ 1 Std. Gehen Hauptteig
+ 30 Min. Gehen Stückgare
+ 15 Min. Backen

einfach

Nusshörnchen

HÖRNCHEN MIT MARZIPAN-NUSS-FÜLLUNG

VORTEIG:
5 g Frischhefe (25 ml/g eigene Hefe, wenn selbstgemachte Hefe verwendet wird)
1 TL Gerstenmalz
120 ml zimmerwarmes Wasser (95 ml Wasser, wenn selbstgemachte Hefe verwendet wird)
150 g Weizenmehl Type 550

HAUPTTEIG:
300 g Weizenmehl Type 405
50 g Zucker
1 Prise Salz
50 g Butter (weich)
100 ml Milch (zimmerwarm)
1 Ei

FÜLLUNG:
80 g Marzipanrohmasse
20 g Butter (weich)
2 EL gemahlene Haselnüsse
1 EL Rum
1 EL Puderzucker
1 Eiweiß

GUSS:
1 EL Zitronensaft
2 EL Puderzucker

ZUBEREITUNG

Vorteig:
Alle Zutaten des Vorteiges kurz gut durchkneten und in der Schüssel mit einem feuchten Tuch abgedeckt ca. 3 Stunden in den Backofen stellen, in dem nur das Licht brennt.

Hauptteig:
Den Vorteig mit den Zutaten des Hauptteiges vermischen. Mit der Hand 10 Minuten oder mit der Maschine 5 Minuten gut durchkneten. In der Schüssel abgedeckt ca. 1 Stunde an einem warmen Ort gehen lassen, bis sich der Teig deutlich vergrößert hat.
Den Teig erneut zusammenkneten. Den Teig dritteln und jeweils zu einem runden Fladen von 40 cm Durchmesser ausrollen. Die Fladen in 6 Tortenstückchen teilen und weitere 30 Minuten gehen lassen. Den Backofen samt Backblech auf 210 °C (Ober-/Unterhitze) vorheizen.

Füllung:
Die Zutaten der Füllung gut miteinander verkneten. Von der Marzipan-Nuss-Füllung je 1 guten Esslöffel auf die gegangenen Teigdreiecke geben. Die Dreiecke von der Außenseite zur Spitze aufrollen und so auf ein Backpapier setzen, dass die Spitze in der Mitte oben auf dem Hörnchen zu sehen ist.

Backen:
Die Hörnchen auf dem Backpapier auf das vorgeheizte Backblech in den Backofen geben (mittlere Schiene) und etwa 15 Minuten bei 210 °C goldgelb backen.
Den Zitronensaft mit dem Puderzucker verrühren und den flüssigen Guss auf die noch warmen Hörnchen streichen.

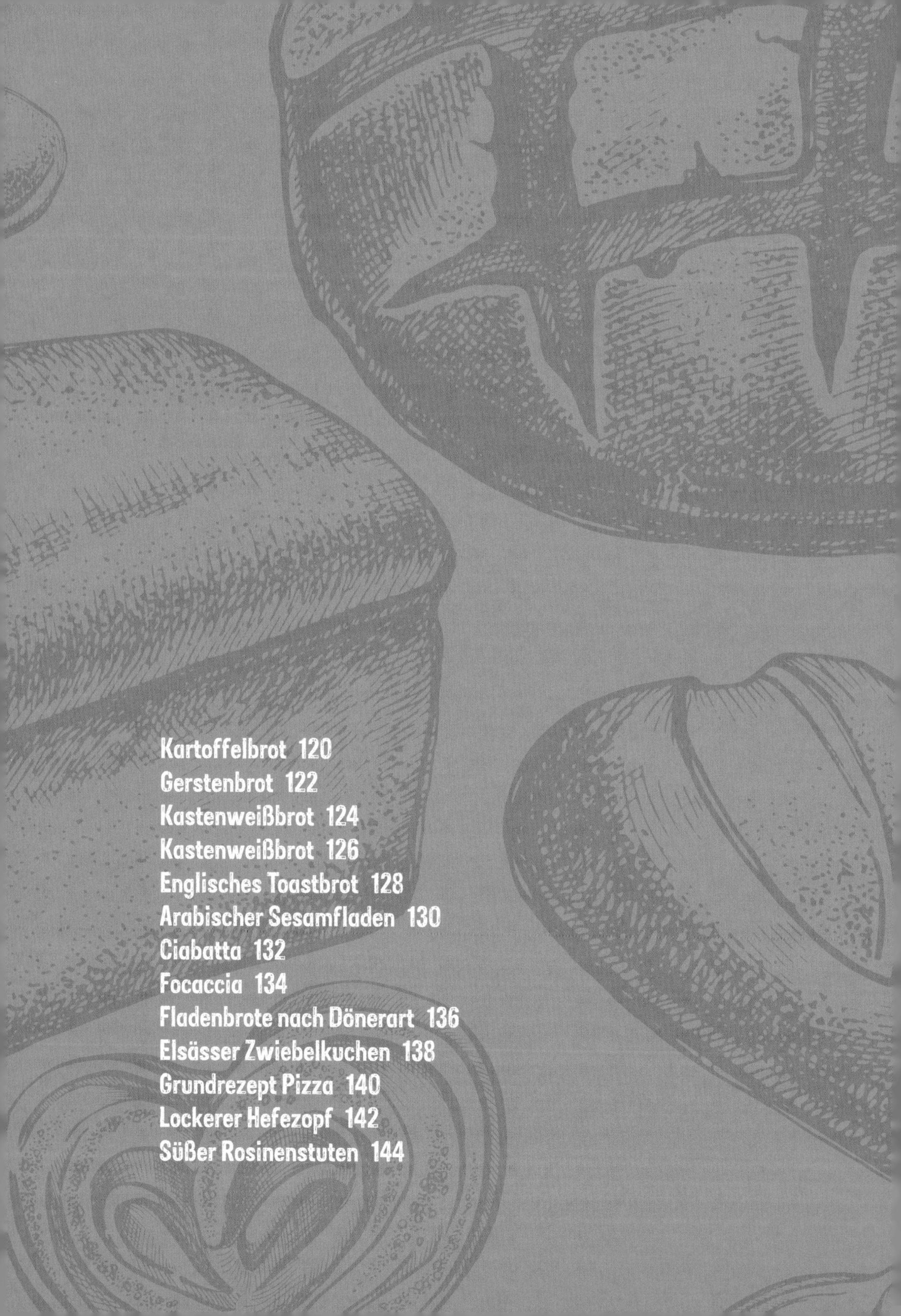

Rezepte mit einfacher langer, kalter Führung

2 Kastenbrote à 750 g

18–20 Std. Gehen Vorteig
+ 45 Min. Gehen Stückgare
+ 55 Min. Backen

einfach

Kartoffelbrot

KASTENBROT MIT EINFACHER LANGER, KALTER FÜHRUNG

KARTOFFELMASSE:
800 g Kartoffeln

VORTEIG:
0,5 g Frischhefe (3 ml/g eigene Hefe, wenn selbstgemachte Hefe verwendet wird)
100 ml Wasser (zimmerwarm)
100 g Weizenmehl Type 1050

HAUPTTEIG:
400 g Weizenmehl Type 405
300 ml Wasser (zimmerwarm)
50 g Butter (zimmerwarm)
1 Ei
25 g Salz

ZUBEREITUNG

Kartoffeln:

300 g Kartoffeln gründlich waschen und in kochendem Wasser garen. Anschließend noch warm pellen und durch eine Presse drücken. Die restlichen Kartoffeln schälen und dazureiben.

Vorteig:

Die Zutaten des Vorteiges mit der Kartoffelmasse zusammenkneten. Mit einem feuchten Tuch abgedeckt bei Zimmertemperatur ca. 13 Stunden ruhen lassen. Bei Kälte die Schüssel in den Backofen stellen, in dem nur das Licht brennt. Anschließend die Teigschüssel für weitere 5 Stunden in den Kühlschrank stellen. Die Gesamtruhezeit beträgt ca. 18–20 Stunden.

Hauptteig:

Den Vorteig mit den Zutaten des Hauptteiges 10 Minuten mit der Hand oder 5 Minuten mit der Maschine kneten. Den Teig halbieren und jede Teighälfte als Rolle in eine eingefettete Kastenformen geben. Unter einem feuchten Tuch im Warmen ca. 45 Minuten ruhen lassen. Den Backofen auf ca. 220 °C (Ober-/Unterhitze) gut vorheizen.

Backen:

Die Brote vorsichtig in den heißen Ofen stellen (2. Schiene von unten). Nach 10 Minuten die Temperatur auf 180 °C reduzieren und für 45 Minuten fertigbacken. Wenn die Oberfläche zu dunkel wird, die Brote mit Backpapier abdecken.

Gerstenbrot

MISCHBROT MIT GERSTE

VORTEIG:

1 g Frischhefe (5 ml/g eigene Hefe, wenn selbstgemachte Hefe verwendet wird)
10 ml Gerstenmalz, alternativ Honig
130 ml Wasser (zimmerwarm)
200 g Weizenvollkornmehl

HAUPTTEIG:

150 g Gerstenvollkornmehl
700 g Weizenmehl Type 1050
200 ml Wasser (zimmerwarm)
320 ml Milch (zimmerwarm)
35 g Butter (zimmerwarm)
20 g Salz

ZUBEREITUNG

Vorteig:

Die Zutaten des Vorteiges zusammenkneten. In einer Schüssel unter einem feuchten Tuch bei Zimmertemperatur ca. 13 Stunden ruhen lassen. Bei Kälte die Schüssel in den Backofen stellen, in dem nur das Licht brennt. Danach für weitere 5 Stunden in den Kühlschrank stellen. Die Gesamtruhezeit beträgt ca. 18–20 Stunden.

Hauptteig:

Den Vorteig mit den Zutaten des Hauptteiges vermischen und 10 Minuten mit der Hand oder 5 Minuten mit der Maschine kneten. Dann den Teig ca. 10 Minuten im Warmen ruhen lassen. Den Teig halbieren, jede Teighälfte zu einer Rolle formen, auf Backpapier setzen und unter einem feuchten Tuch im Warmen ca. 45 Minuten gehen lassen. Den Backofen samt Backblech auf ca. 220 °C (Ober-/Unterhitze) gut vorheizen.

Backen:

Die Teiglinge schräg einschneiden und mit dem Backpapier auf das heiße Backblech in den Ofen (2. Schiene von unten) schieben. Nach 10 Minuten die Temperatur auf 180 °C reduzieren und für weitere 50 Minuten fertigbacken.

2 Brote à 750 g

18–20 Std. Gehen Vorteig
+ 55 Min. Gehen Stückgare
+ 1 Std. Backen

einfach

2 Kastenbrote à 1 kg

18–20 Std. Gehen Vorteig
+ 45 Min. Gehen Stückgare
+ 55 Min. Backen

einfach

Kastenweißbrot

NICHT SÜSSES KASTENBROT MIT EINFACHER LANGER, KALTER FÜHRUNG

VORTEIG:

1 g Frischhefe (5 ml/g eigene Hefe, wenn selbstgemachte Hefe verwendet wird)
200 ml Wasser (zimmerwarm)
200 g Weizenmehl Type 1050

HAUPTTEIG:

800 g Weizenmehl Type 405
200 g Dinkelmehl Type 650
200 ml Wasser (zimmerwarm)
500 ml Milch (zimmerwarm)
20 g Salz

ZUBEREITUNG

Vorteig:

Die Zutaten des Vorteiges zusammenkneten. Mit einem feuchten Tuch abgedeckt bei Zimmertemperatur ca. 13 Stunden ruhen lassen. Bei Kälte die Schüssel in den Backofen stellen, in dem nur das Licht brennt. Danach den Teig für weitere 5 Stunden in den Kühlschrank stellen. Die Gesamtruhezeit beträgt ca. 18–20 Stunden.

Hauptteig:

Den Vorteig mit den Zutaten des Hauptteiges vermischen und 10 Minuten mit der Hand oder 5 Minuten mit der Maschine kräftig kneten. Den Teig halbieren und jede Teighälfte als Rolle in eine eingefettete Kastenformen legen. Unter einem feuchten Tuch im Warmen ca. 45 Minuten ruhen lassen. Den Backofen auf ca. 220 °C (Ober-/Unterhitze) gut vorheizen.

Backen:

Die Brote vorsichtig in den heißen Ofen schieben (2. Schiene von unten). Nach 10 Minuten die Temperatur auf 180 °C reduzieren und für weitere 45 Minuten fertigbacken. Wenn die Oberfläche der Brote zu dunkel wird, mit Backpapier abdecken.

Mohn- und Sesamhörnchen

LECKERE FRÜHSTÜCKSHÖRNCHEN,
DIE GUT VORBEREITET WERDEN KÖNNEN

VORTEIG:

0,5 g Frischhefe (3 ml/g eigene Hefe, wenn selbstgemachte Hefe verwendet wird)
1 TL Gerstenmalz
100 ml Milch (zimmerwarm)
100 g Weizenmehl Type 550

HAUPTTEIG:

400 Weizenmehl Type 405
10 g Salz
200 ml Milch (zimmerwarm)
2 Eiweiß
75 g Butter (weich)
2 Eigelbe zum Bestreichen

DEKORATION:

2 EL Mohn
2 EL Sesam

ZUBEREITUNG

Vorteig:

Die Zutaten des Vorteiges zusammenkneten. Unter einem feuchten Tuch bei Zimmertemperatur ca. 13 Stunden ruhen lassen. Bei Kälte die Schüssel in den Backofen stellen, in dem nur das Licht brennt. Danach den Teig für weitere 5 Stunden in den Kühlschrank stellen. Die Gesamtruhezeit beträgt ca. 18–20 Stunden.

Hauptteig:

Den Vorteig mit den Zutaten des Hauptteiges vermischen und 10 Minuten mit der Hand oder 5 Minuten mit der Maschine kneten. Den Teig zu einer Teigplatte flach drücken, ein Drittel des Teiges umschlagen, die andere Teigseite darüberlegen. Den Teig um 90 ° drehen, erneut flach drücken, zu einem Drittel umschlagen und die andere Seite wieder darüberlegen. Das Falten dreimal wiederholen.
Den Teig zu einer Teigplatte von ca. 30 × 40 cm flach drücken und von der langen Seite aus aufrollen. Den Teigstrang durch Rollen gleichmäßig auf ca. 60 cm verlängern und in 5 cm lange Stücke teilen. Ca. 5 Minuten zur Entspannung ruhen lassen. Dann so rollen, dass die Enden dünner werden. Die Teiglinge zu Hörnchen gebogen auf ein Backpapier legen. Mit dem Eigelb einstreichen und die Hälfte der Hörnchen mit Sesam, die andere Hälfte mit Mohn bestreuen. Mit einem Tuch abgedeckt im Backofen, in dem nur das Licht brennt, ca. 20 Minuten ruhen lassen. Hörnchen herausnehmen und den Backofen samt Backblech auf ca. 200 °C (Ober-/Unterhitze) vorheizen. Die Hörnchen für weitere 20 Minuten in den Kühlschrank stellen.

Backen:

Die Hörnchen aus dem Kühlschrank nehmen, samt Backpapier auf das heiße Backblech legen und sofort in den Backofen (mittlere Schiene) einschieben. Nach 10 Minuten die Temperatur auf 180 °C reduzieren und für weitere 10 Minuten fertigbacken.

12 Hörnchen

20 Std. Gehen Vorteig
+ 45 Min. Gehen Stückgare
+ 20 Min. Backen

einfach

2 Kastenbrote à 750 g

18–20 Std. Gehen Vorteig
+ 55 Min. Gehen Stückgare
+ 50 Min. Backen

einfach

Englisches Toastbrot

KASTENBROT MIT EINFACHER LANGER, KALTER FÜHRUNG

VORTEIG:

1 g Frischhefe (5 ml/g eigene Hefe, wenn selbstgemachte Hefe verwendet wird)
10 ml Gerstenmalz, alternativ Honig
200 ml Wasser (zimmerwarm)
200 g Weizenmehl Type 1050

HAUPTTEIG:

800 g Weizenmehl Type 550
140 ml Wasser (zimmerwarm)
160 g Sahne (zimmerwarm)
75 g Butter (zimmerwarm)
1 Ei
20 g Salz

ZUBEREITUNG

Vorteig:

Die Zutaten des Vorteiges zusammenkneten. Unter einem feuchten Tuch bei Zimmertemperatur ca. 13 Stunden ruhen lassen. Bei Kälte die Schüssel in den Backofen stellen, in dem nur das Licht brennt. Danach für weitere 5 Stunden in den Kühlschrank stellen. Die Gesamtruhezeit beträgt ca. 18–20 Stunden.

Hauptteig:

Den Vorteig mit den Zutaten des Hauptteiges vermischen und 10 Minuten mit der Hand oder 5 Minuten mit der Maschine kneten. Den Teig ca. 10 Minuten im Warmen ruhen lassen. Den Teig halbieren und jede Teighälfte zu einer Rolle formen. Die Rolle dritteln und die Stücke jeweils um 90 ° gedreht in eine eingefettete Kastenformen legen, sodass die Schnittflächen der Rollenstücke an die Kastenformwand kommen. Ggf. den Teig etwas zusammendrücken. Unter einem feuchten Tuch im Warmen ca. 45 Minuten ruhen lassen. Den Backofen auf ca. 220 °C (Ober-/Unterhitze) gut vorheizen.

Backen:

Die Kastenformen fest mit Alufolie abdecken und in den heißen Ofen (2. Schiene von unten) schieben. Nach 10 Minuten die Temperatur auf 180 °C reduzieren und für weitere 40 Minuten fertigbacken.

Arabischer Sesamfladen

HERZHAFTES FLADENBROT

VORTEIG:
0,5 g Frischhefe (3 ml/g eigene Hefe, wenn selbstgemachte Hefe verwendet wird)
1 TL Gerstenmalz
100 ml Milch (zimmerwarm)
100 g Weizenmehl Type 550

HAUPTTEIG:
400 Weizenmehl Type 405
10 g Salz
½ TL Cumin
½ TL gemahlener Koriander
70 g Joghurt (zimmerwarm)
150 ml Milch (zimmerwarm)
50 ml Olivenöl
Wasser zum Bestreichen

DEKORATION:
2 EL weißer Sesam
2 EL schwarzer Sesam

ZUBEREITUNG

Vorteig:

Die Zutaten des Vorteiges zusammenkneten. Unter einem feuchten Tuch bei Zimmertemperatur ca. 13 Stunden ruhen lassen. Bei Kälte die Schüssel in den Backofen stellen, in dem nur das Licht brennt. Danach für weitere 5 Stunden in den Kühlschrank stellen. Die Gesamtruhezeit beträgt ca. 18–20 Stunden.

Hauptteig:

Den Vorteig mit den Zutaten des Hauptteiges vermischen und 10 Minuten mit der Hand oder 5 Minuten mit der Maschine kneten. Den Teig zu einer Teigplatte flach drücken, ein Drittel des Teiges umschlagen und die andere Teigseite darüberlegen. Den Teig um 90 ° drehen, erneut flach drücken und zu einem Drittel umschlagen, die andere Seite wieder darüberlegen. Das Falten dreimal wiederholen.
Anschließend den Teig zu einer Teigplatte von ca. 30 × 40 cm flach drücken und von der langen Seite aus aufrollen. Den Teigstrang durch Rollen gleichmäßig auf ca. 60 cm verlängern und in 8 Stücke teilen. Die Teigstränge ca. 5 Minuten zur Entspannung ruhen lassen, dann mit den Fingern zu einem Fladen flach drücken und auf ein Backpapier legen. Mit Wasser einstreichen und mit dem weißen und dem schwarzen Sesam betreuen. Mit einem Tuch abgedeckt im Ofen, in dem nur das Licht brennt, ca. 20 Minuten ruhen lassen. Dann die Fladen herausnehmen und den Ofen samt Backblech auf ca. 200 °C (Ober-/Unterhitze) vorheizen. Die Fladen für weitere 20 Minuten in den Kühlschrank stellen.

Backen:

Die Fladen aus dem Kühlschrank nehmen, mit dem Backpapier auf das heiße Backblech geben und sofort in den Backofen (mittlere Schiene) schieben. Ca. 15 Minuten backen. Wenn die Oberfläche blasig und dunkel wird, sind die Fladen fertig.

8 Fladen

20 Std. Gehen Vorteig
+ 45 Min. Gehen Stückgare
+ 15 Min. Backen

einfach

2 Ciabatta à 500 g

18–20 Std. Gehen Vorteig
+ 25 Min. Gehen Stückgare
+ 35 Min. Backen

einfach

Ciabatta

ITALIENISCHES CIABATTA MIT EINFACHER LANGER, KALTER FÜHRUNG

VORTEIG:

0,5 g Frischhefe (3 ml/g eigene Hefe, wenn selbstgemachte Hefe verwendet wird)
150 ml Wasser (zimmerwarm)
100 g Weizenmehl Type 1050

HAUPTTEIG:

150 g Weizenmehl Type 1050
200 g Weizenmehl Type 405
12 g Salz
150 g Hartweizengrieß
350 ml Wasser (sehr kalt)
Mehl zum Bestäuben

ZUBEREITUNG

Vorteig:

Die Zutaten des Vorteiges zusammenkneten. In einer Schüssel mit einem feuchten Tuch abgedeckt bei Zimmertemperatur ca. 13 Stunden ruhen lassen. Bei Kälte die Schüssel in den Backofen stellen, in dem nur das Licht brennt. Danach die Schüssel mit Frischhaltefolie dicht abdecken und für weitere 5 Stunden in den Kühlschrank stellen. Die Gesamtruhezeit beträgt ca. 18–20 Stunden.

Hauptteig:

Das Mehl des Hauptteiges, Salz, Grieß und das sehr kalte Wasser 20 Minuten kräftig mit der Hand oder 10 Minuten mit der Maschine kneten. Dann den Vorteig dazugeben, erneut 15 Minuten mit der Hand oder 8 Minuten mit der Maschine zu einem weichen Teig kneten. Den Teig mit einer Teigkarte halbieren und jede Teighälfte auf ein Backpapier legen. Seitlich das Backpapier umfalten, damit der Teig nicht zu sehr breitläuft bzw. einen Holzstab unterlegen. Die Oberfläche jeweils gut einmehlen und unter einem Tuch im Warmen ca. 25 Minuten gehen lassen. Den Backofen samt Backblech auf ca. 250 °C (Ober-/Unterhitze) gut vorheizen.

Backen:

Das Backpapier mit den Ciabattas vorsichtig auf das heiße Backblech geben und sofort in den heißen Ofen (mittlere Schiene) schieben. Nach 10 Minuten die Temperatur auf 180 °C reduzieren und weitere 25 Minuten fertigbacken.

Focaccia

ITALIENISCHE FOCACCIA MIT EINFACHER LANGER, KALTER FÜHRUNG

VORTEIG:

0,5 g Frischhefe (3 ml/g eigene Hefe, wenn selbstgemachte Hefe verwendet wird)
150 ml Wasser (zimmerwarm)
100 g Weizenmehl Type 1050

HAUPTTEIG:

150 g Weizenmehl Type 1050
200 g Weizenmehl Type 405
12 g Salz
150 g Hartweizengrieß
350 ml Wasser (sehr kalt)

BELAG:

1 ½ EL Olivenöl
1 TL Rosmarinnadeln
1 TL kleine schwarze Oliven
2 EL getrocknete Tomaten in Öl, kleingeschnitten

TIPP:

Alternativ kann man anstelle der Oliven/Tomatenstücke für den Belag die Focaccia auch einfach nur mit 100 g geriebenem Käse bestreuen.

ZUBEREITUNG

Vorteig:

Die Zutaten des Vorteiges zusammenkneten. In einer Schüssel mit einem feuchten Tuch abgedeckt bei Zimmertemperatur ca. 13 Stunden ruhen lassen. Bei Kälte die Schüssel in den Backofen stellen, in dem nur das Licht brennt. Danach die Schüssel mit Frischhaltefolie dicht abdecken und für weitere 5 Stunden in den Kühlschrank stellen. Die Gesamtruhezeit beträgt ca. 18–20 Stunden.

Hauptteig:

Das Mehl des Hauptteiges, Salz, Grieß und das sehr kalte Wasser 20 Minuten kräftig mit der Hand oder 10 Minuten mit der Maschine kneten. Den Vorteig dazugeben und weitere 15 Minuten mit der Hand oder 8 Minuten mit der Maschine zu einem weichen Teig kneten. Den Teig auf ein Backpapier legen und mit den Fingern zu einem Fladen formen. Mit den Fingerspitzen Vertiefungen hineindrücken. Die Oberfläche leicht einölen, den Belag darauf verteilen und unter einem trockenen Tuch im Warmen ca. 25 Minuten gehen lassen. Den Backofen mit einem geölten Backblech auf ca. 250 °C (Ober-/Unterhitze) gut vorheizen.

Backen:

Die Focaccia vorsichtig auf das heiße Blech setzen und in den Ofen schieben (mittlere Schiene). Nach 10 Minuten die Temperatur auf 220 °C reduzieren und weitere 25 Minuten fertigbacken.

1 Focaccia à 1 kg

18–20 Std. Gehen Vorteig
+ 25 Min. Gehen Stückgare
+ 35 Min. Backen

einfach

5 Fladenbrote à 150 g

18–20 Std. Gehen Vorteig
+ 25 Min. Gehen Stückgare
+ 35 Min. Backen

einfach

Fladenbrote nach Dönerart

FLADENBROT ZUM FÜLLEN MIT EINFACHER LANGER, KALTER FÜHRUNG

VORTEIG:

0,5 g Frischhefe (3 ml/g eigene Hefe, wenn selbstgemachte Hefe verwendet wird)
100 ml Wasser (zimmerwarm)
100 g Weizenmehl Type 1050

HAUPTTEIG:

150 g Weizenmehl Type 1050
200 g Weizenmehl Type 405
150 g Italienisches Mehl Tipo 00 (alternativ Dinkelmehl Type 630)
350 ml Wasser (sehr kalt)
12 g Salz

ZUBEREITUNG

Vorteig:

Die Zutaten des Vorteiges zusammenkneten. In einer Schüssel mit einem feuchten Tuch abgedeckt bei Zimmertemperatur ca. 13 Stunden ruhen lassen. Bei Kälte die Schüssel in den Backofen stellen, in dem nur das Licht brennt. Danach die Schüssel mit Frischhaltefolie dicht abdecken und für weitere 5 Stunden in den Kühlschrank stellen. Die Gesamtruhezeit beträgt ca. 18–20 Stunden.

Hauptteig:

Das Mehl des Hauptteiges, das Salz und das sehr kalte Wasser 20 Minuten kräftig mit der Hand oder 10 Minuten mit der Maschine kneten. Dann den Vorteig dazugeben und weitere 15 Minuten mit der Hand oder 8 Minuten mit der Maschine zu einem weichen Teig kneten. In fünf Teile aufteilen und jedes Teigstück rund formen. Die einzelnen Teile mit Abstand auf ein Backpapier legen und mit den Fingerspitzen flach drücken. Den Backofen samt Backblech auf ca. 250 °C (Ober-/Unterhitze) gut vorheizen. Den Teig unter einem trockenen Tuch im Warmen ca. 25 Minuten gehen lassen.

Backen:

Das Backpapier mit den Fladen auf das heiße Backblech legen und in den heißen Ofen (mittlere Schiene) schieben. Bei 220 °C etwa 20 Minuten goldbraun backen. Unter einem feuchten Tuch abkühlen lassen und zum Füllen mit einem Messer horizontal halb durchschneiden.

Elsässer Zwiebelkuchen

ZWIEBELKUCHEN VOM BLECH MIT EINFACHER LANGER, KALTER FÜHRUNG

VORTEIG:

0,5 g Frischhefe (3 ml/g eigene Hefe, wenn selbstgemachte Hefe verwendet wird)
150 ml Wasser (zimmerwarm)
100 g Weizenmehl Type 1050

HAUPTTEIG:

150 g Weizenmehl Type 1050
200 g Weizenmehl Type 405
150 g Dinkelmehl Type 1050
350 ml Wasser (sehr kalt)
12 g Salz

BELAG:

2 kg Zwiebeln
1 EL Öl zum Anschwitzen
4 Eier
250 g Sahne
5 g Salz
1 EL Kümmel
100 g geriebener Schweizer Käse (Emmentaler, Greyerzer etc.)

TIPP:

Wenn kein ganzes Blech Zwiebelkuchen benötigt wird – einfach alle Zutaten halbieren und in zwei Springformen backen.

ZUBEREITUNG

Vorteig:

Die Zutaten des Vorteiges zusammenkneten. In einer Schüssel mit einem feuchten Tuch abgedeckt bei Zimmertemperatur ca. 13 Stunden ruhen lassen. Bei Kälte die Schüssel in den Backofen stellen, in dem nur das Licht brennt. Danach die Schüssel mit Frischhaltefolie dicht abdecken und für weitere 5 Stunden in den Kühlschrank stellen. Die Gesamtruhezeit beträgt ca. 18–20 Stunden.

Belag:

Die Zwiebeln schälen, in feine Ringe schneiden und im Öl anschwitzen, bis sie glasig ist. Abkühlen lassen. Eier, Sahne und Salz verquirlen. Die Mischung dazugeben und gut durchmengen. Vom Herd nehmen und abkühlen lassen.

Hauptteig:

Das Mehl des Hauptteiges, das Salz und das sehr kalte Wasser 20 Minuten kräftig mit der Hand oder 10 Minuten mit der Maschine kneten. Dann den Vorteig dazugeben und erneut 15 Minuten mit der Hand oder 8 Minuten mit der Maschine zu einem weichen Teig kneten. Den Teig auf einem Backpapier ca. 1 cm dick ausrollen. Unter einem trockenen Tuch im Warmen ca. 25 Minuten gehen lassen. Den Backofen samt Backblech auf ca. 250 °C (Ober-/Unterhitze) gut vorheizen.
Anschließend die Zwiebel-Sahne-Mischung darauf verteilen. Erst den Kümmel und dann den geriebenen Käse dünn darüberstreuen.

Backen:

Das Backpapier mit dem Elsässer Zwiebelkuchen sofort auf das heiße Blech ziehen und vorsichtig in den heißen Ofen (mittlere Schiene) schieben. Nach 10 Minuten die Temperatur auf 220 °C reduzieren und weitere 25 Minuten fertigbacken.

1 Blech

18–20 Std. Gehen Vorteig
+ 25 Min. Gehen Stückgare
+ 35 Min. Backen

einfach

4 runde Pizzen

18–20 Std. Gehen Vorteig
+ 25 Min. Gehen Stückgare
+ 15 Min. Backen

einfach

Grundrezept Pizza

ITALIENISCHE PIZZA MIT EINFACHER LANGER, KALTER FÜHRUNG

VORTEIG:

0,1 g Frischhefe (3 ml/g eigene Hefe, wenn selbstgemachte Hefe verwendet wird)
50 ml Wasser (zimmerwarm)
50 g italienisches Weizenmehl Tipo 0 (alternativ 50 g Weizenmehl Type 550)

HAUPTTEIG:

150 g italienisches Weizenmehl Tipo 0 (alternativ 150 g Weizenmehl Type 550)
4 EL Olivenöl
4 g Salz
ggf. etwas Wasser für einen weichen Teig

BEISPIEL FÜR BELAG:

250 ml passierte Tomaten
16 Scheiben Fleischtomate
150 g Mozzarella, in Scheiben
2 EL kleine schwarze Oliven, kleingeschnitten
½ TL Salz
½ TL Oregano
½ TL Thymian
1½ EL Olivenöl

ZUBEREITUNG

Vorteig:
Die Zutaten des Vorteiges zusammenkneten. In einer Schüssel mit einem feuchten Tuch abgedeckt bei Zimmertemperatur ca. 13 Stunden ruhen lassen. Bei Kälte die Schüssel in den Backofen stellen, in dem nur das Licht brennt. Danach die Schüssel mit Frischhaltefolie dicht abdecken und für weitere 5 Stunden in den Kühlschrank stellen. Die Gesamtruhezeit beträgt ca. 18–20 Stunden.

Hauptteig:
Die Zutaten des Hauptteiges zum Vorteig geben und erneut 15 Minuten mit der Hand oder 8 Minuten mit der Maschine zu einem weichen Teig kneten. Ggf. etwas Wasser zugeben, wenn der Teig zu hart erscheint. Den Teig vierteln. Jedes Stück zu einer Kugel formen und unter einem trockenen Tuch im Warmen ca. 25 Minuten gehen lassen. Den Backofen mit einem geölten Backblech auf ca. 250 °C (Ober-/Unterhitze) gut vorheizen. Jede Kugel zu einer Pizza ausrollen und auf ein Backpapier legen.

Belag:
Die passierten Tomaten dünn auf den Pizzen verteilen, dann mit den Tomatenscheiben, dem Mozzarella und den Oliven belegen. Den Belag salzen, mit Oregano und Thymian würzen und etwas Olivenöl drüberträufeln.

Backen:
Die Pizzen samt Backpapier sofort auf das heiße Blech geben, vorsichtig in den heißen Ofen (mittlere Schiene) schieben und in 15–20 Minuten fertigbacken.

Lockerer Hefezopf

HEFEZOPF MIT EINFACHER LANGER, KALTER FÜHRUNG

VORTEIG:

0,5 g Frischhefe (3 ml/g eigene Hefe, wenn selbstgemachte Hefe verwendet wird)
1 TL Gerstenmalz
75 ml Milch (zimmerwarm)
100 g Weizenmehl Type 550

HAUPTTEIG:

400 Weizenmehl Type 405
10 g Salz
250 ml Milch (zimmerwarm)
75 g Butter (weich)
1 Eigelb zum Bestreichen
2 EL Mandelsplitter und Hagelzucker zum Bestreuen

ZUBEREITUNG

Vorteig:

Die Zutaten des Vorteiges zusammenkneten. Unter einem feuchten Tuch bei Zimmertemperatur ca. 13 Stunden ruhen lassen. Bei Kälte die Teigschüsseln in den Backofen stellen, in dem nur das Licht brennt. Anschließend für weitere 5 Stunden in den Kühlschrank stellen. Die Gesamtruhezeit beträgt ca. 18–20 Stunden.

Hauptteig:

Den Vorteig mit den Zutaten des Hauptteiges vermischen und 10 Minuten mit der Hand oder 5 Minuten mit der Maschine kneten. Den Teig zu einer Teigplatte flach drücken, ein Drittel des Teiges umschlagen und die andere Teigseite darüberlegen. Den Teig um 90 ° drehen, erneut flach drücken und zu einem Drittel umschlagen, die andere Seite wieder darüberlegen. Das Falten dreimal wiederholen.

Den Teig dritteln, jedes Drittel zu einer Teigplatte von ca. 20 × 30 cm flach drücken und von der langen Seite aus aufrollen. Jeden Teigstrang durch Rollen gleichmäßig auf ca. 40 cm verlängern. Die Teigstränge ca. 5 Minuten zur Entspannung ruhen lassen, dann zu einem Zopf flechten und auf ein Backpapier legen. Mit einem Tuch abgedeckt im Backofen, bei dem nur das Licht brennt, ca. 20 Minuten ruhen lassen. Den Zopf herausnehmen und den Backofen samt Backblech auf ca. 200 °C (Ober-/Unterhitze) vorheizen. Den Zopf für weitere 20 Minuten in den Kühlschrank stellen.

Backen:

Den Zopf mit dem Eigelb einstreichen, mit dem Hagelzucker und den Mandelsplittern bestreuen, samt Backpapier auf das heiße Backblech legen und sofort in den Backofen einschieben (mittlere Schiene). Nach 10 Minuten die Temperatur auf 180 °C reduzieren und für 30 Minuten fertigbacken. Wenn die Oberfläche zu dunkel wird, den Hefezopf mit Backpapier abdecken.

1 Zopf à ca. 800 g

20 Std. Gehen Vorteig
+ 45 Min. Gehen Stückgare
+ 40 Min. Backen

etwas aufwendig

2 Kastenbrote à 1 kg

18–20 Std. Gehen Vorteig
+ 45 Min. Gehen Stückgare
+ 55 Min. Backen

einfach

Süßer Rosinenstuten

KASTENBROT MIT EINFACHER LANGER, KALTER FÜHRUNG

VORTEIG:
1 g Frischhefe (5 ml/g eigene Hefe, wenn selbstgemachte Hefe verwendet wird)
1 EL Reismalz
200 ml Wasser (zimmerwarm)
200 g Weizenmehl Type 1050

HAUPTTEIG:
800 g Weizenmehl Type 405
200 g Dinkelmehl Type 650
100 g Zucker
200 ml Wasser (zimmerwarm)
500 ml Milch (zimmerwarm)
20 g Salz

SPÄTER:
200 g Sultaninen

ZUBEREITUNG

Vorteig:

Die Zutaten des Vorteiges zusammenkneten. Unter einem feuchten Tuch bei Zimmertemperatur ca. 13 Stunden ruhen lassen. Bei Kälte die Schüssel in den Backofen stellen, in dem nur das Licht brennt. Danach für weitere 5 Stunden in den Kühlschrank stellen. Die Gesamtruhezeit beträgt ca. 18–20 Stunden.

Hauptteig:

Den Vorteig mit den Zutaten des Hauptteiges vermischen und 10 Minuten mit der Hand oder 5 Minuten mit der Maschine kneten. Danach die Sultaninen zugeben und noch einmal kurz per Hand durchkneten (nicht zu viel, da sonst die Sultaninen zerquetscht werden).
Den Teig halbieren und jede Teighälfte als Rolle in eine eingefettete Kastenformen legen. Unter einem feuchten Tuch im Warmen ca. 45 Minuten ruhen lassen.
Den Backofen auf ca. 220 °C (Ober-/Unterhitze) gut vorheizen.

Backen:

Die Rosinenstuten vorsichtig in den heißen Ofen (2. Schiene von unten) schieben. Nach 10 Minuten die Temperatur auf 180 °C reduzieren und für weitere 45 Minuten fertigbacken. Wenn die Oberfläche zu dunkel wird, mit Backpapier abdecken.

Rezepte mit doppelter langer, kalter Führung

2 Kastenbrote à 1 kg

18–20 Std. Gehen Vorteig
+ 48 Std. Gehen Stückgare
+ 1 Std. Backen

einfach, aber braucht Zeit

Einkorn-Urbrot

KASTENBROT MIT DOPPELTER LANGER, KALTER FÜHRUNG

VORTEIG:

0,5 g Frischhefe (3 ml/g eigene Hefe, wenn selbstgemachte Hefe verwendet wird)
100 ml Wasser (zimmerwarm)
200 g Emmervollkornmehl

HAUPTTEIG:

1000 g Einkornvollkornmehl
800 ml Wasser (zimmerwarm)
24 g Salz

ZUBEREITUNG

Vorteig:

Die Zutaten des Vorteiges zusammenkneten. In einer Schüssel mit einem feuchten Tuch abgedeckt bei Zimmertemperatur ca. 13 Stunden ruhen lassen. Bei Kälte die Schüssel in den Backofen stellen, in dem nur das Licht brennt. Danach die Schüssel mit Frischhaltefolie dicht abdecken und für weitere 5 Stunden in den Kühlschrank stellen. Die Gesamtruhezeit beträgt ca. 18–20 Stunden.

Hauptteig:

Den Vorteig mit den Zutaten des Hauptteiges 10 Minuten mit der Hand oder 5 Minuten mit der Maschine kneten. Den Teig halbieren und jede Teighälfte als Rolle in eine eingefettete Kastenformen geben. Die Kastenformen mit Frischhaltefolie dicht abdecken und den Teig bei Zimmertemperatur ca. 13 Stunden ruhen lassen. Bei Kälte die Schüssel in den Backofen stellen, in dem nur das Licht brennt. Danach für weitere 1 ½ Tage in den Kühlschrank stellen. Die Gesamtgehzeit beträgt ca. 48 Stunden.

Backen:

Den Backofen auf ca. 220 °C (Ober-/Unterhitze) gut vorheizen. Die Brote vorsichtig aus dem Kühlschrank nehmen und direkt in den Ofen (2. Schiene von unten) einschieben. Nach 10 Minuten die Temperatur auf 180 °C reduzieren und weitere 50 Minuten fertigbacken. Wenn die Oberfläche zu dunkel wird, die Brote mit einem Backpapier abdecken.

Weizen-Schrotbrot

KASTENBROT MIT DOPPELTER LANGER, KALTER FÜHRUNG

VORTEIG:
0,5 g Frischhefe (3 ml/g eigene Hefe, wenn selbstgemachte Hefe verwendet wird)
100 ml Wasser (zimmerwarm)
200 g Weizenvollkornmehl

HAUPTTEIG:
200 g grobes Dinkelschrot
800 g Weizenvollkornmehl
800 ml Wasser (zimmerwarm)
24 g Salz

ZUBEREITUNG

Vorteig:

Die Zutaten des Vorteiges zusammenkneten. In einer Schüssel mit einem feuchten Tuch abgedeckt bei Zimmertemperatur ca. 13 Stunden ruhen lassen. Bei Kälte die Schüssel in den Backofen stellen, in dem nur das Licht brennt. Danach die Schüssel mit Frischhaltefolie dicht abdecken und für weitere 5 Stunden in den Kühlschrank stellen. Die Gesamtruhezeit beträgt ca. 18–20 Stunden.

Hauptteig:

Den Dinkelschrot in einer Pfanne ohne Fett bei mittlerer Hitze leicht anrösten. Es darf aber keinesfalls dunkel oder schwarz werden.
Den Vorteig mit dem Schrot und restlichen Zutaten des Hauptteiges 10 Minuten mit der Hand oder 5 Minuten mit der Maschine kneten. Den Teig halbieren und jede Teighälfte als Rolle in eine eingefettete Kastenformen geben. Die Kastenformen mit Frischhaltefolie dicht abdecken und den Teig bei Zimmertemperatur ca. 13 Stunden ruhen lassen. Bei Kälte die Schüssel in den Backofen stellen, in dem nur das Licht brennt. Danach die Schüssel für weitere 1 ½ Tage in den Kühlschrank stellen. Die Gesamtgehzeit beträgt ca. 48 Stunden.

Backen:

Den Backofen auf ca. 220 °C (Ober-/Unterhitze) gut vorheizen. Die Brote vorsichtig aus dem Kühlschrank nehmen und in den heißen Ofen (2. Schiene von unten) einschieben. Nach 10 Minuten die Temperatur auf 180 °C reduzieren und 1 weitere Stunde fertigbacken. Wenn die Oberfläche zu dunkel wird, mit einem Backpapier abdecken.

2 Kastenbrote à 1 kg

18–20 Std. Gehen Vorteig
+ 48 Std. Gehen Stückgare
+ 70 Min. Backen

einfach, aber braucht Zeit

2 Brote à 1 kg

18–20 Std. Gehen Vorteig
+ 48 Std. Gehen Stückgare
+ 70 Min. Backen

einfach, aber braucht Zeit

Roggenmischbrot

FREIGESCHOBENES BROT MIT DOPPELTER LANGER, KALTER FÜHRUNG

VORTEIG:

0,5 g Frischhefe (3 ml/g eigene Hefe, wenn selbstgemachte Hefe verwendet wird)
200 g Weizenmehl Type 1050
120 ml Wasser (zimmerwarm)

HAUPTTEIG:

300 g Weizenmehl Type 1050
1000 g Roggenmehl Type 997
30 g Salz
830 ml Wasser (zimmerwarm)
50 ml Essig

ZUBEREITUNG

Vorteig:

Die Zutaten des Vorteiges zusammenkneten. In einer Schüssel mit einem feuchten Tuch abgedeckt bei Zimmertemperatur ca. 13 Stunden ruhen lassen. Bei Kälte die Schüssel in den Backofen stellen, in dem nur das Licht brennt. Danach die Schüssel mit Frischhaltefolie dicht abdecken und für weitere 5 Stunden in den Kühlschrank stellen. Die Gesamtruhezeit beträgt ca. 18–20 Stunden.

Hauptteig:

Den Vorteig mit den Zutaten des Hauptteiges 10 Minuten mit der Hand oder 5 Minuten mit der Maschine kneten. Den Teig halbieren, jede Teighälfte zu einer Kugel wirken und jeweils in eine eingefettete Rührschüssel mit 3,5 l Fassungsvermögen geben. Rührschüsseln mit Frischhaltefolie dicht abdecken und den Teig bei Zimmertemperatur ca. 13 Stunden ruhen lassen. Bei Kälte die Schüsseln in den Backofen stellen, in dem nur das Licht brennt. Danach den Teig für weitere 1 ½ Tage in den Kühlschrank stellen. Die Gesamtgehzeit beträgt ca. 48 Stunden.

Backen:

Den Backofen samt Backblech auf ca. 220 °C (Ober-/Unterhitze) gut vorheizen. Backpapier bereitlegen. Die Brote ganz vorsichtig aus der Schüssel nehmen (Tipp: mit den Fingern am Rand unter den Teig fahren), den Rand des Teiglings ohne zu kneten etwas unter die Teigkugel ziehen, auf ein Backpapier legen, sofort auf das heiße Backblech geben und in den Ofen (mittlere Schiene) einschieben. Nach 10 Minuten die Temperatur auf 180 °C reduzieren und 1 weitere Stunde fertigbacken. Wenn die Oberfläche zu dunkel wird, mit einem Backpapier abdecken.

Grahambrot

KASTENBROT MIT DOPPELTER LANGER, KALTER FÜHRUNG

VORTEIG:

1 g Frischhefe (5 ml/g eigene Hefe, wenn selbstgemachte Hefe verwendet wird)
150 ml Wasser (zimmerwarm)
200 g Dinkelvollkornmehl

HAUPTTEIG:

1 kg Grahammehl (alternativ feines Weizenvollkornschrot)
750 ml Wasser (zimmerwarm)
24 g Salz

ZUBEREITUNG

Vorteig:

Die Zutaten des Vorteiges zusammenkneten. In einer Schüssel mit einem feuchten Tuch abgedeckt bei Zimmertemperatur ca. 13 Stunden ruhen lassen. Bei Kälte die Schüssel in den Backofen stellen, in dem nur das Licht brennt. Danach die Schüssel mit Frischhaltefolie dicht abdecken und für weitere 5 Stunden in den Kühlschrank stellen. Die Gesamtruhezeit beträgt ca. 18–20 Stunden.

Hauptteig:

Den Vorteig mit den Zutaten des Hauptteiges 10 Minuten mit der Hand oder 5 Minuten mit der Maschine kneten. Den Teig halbieren und jede Teighälfte als Rolle in eine eingefettete Kastenform geben. Die Formen mit Frischhaltefolie dicht abdecken und den Teig bei Zimmertemperatur ca. 13 Stunden ruhen lassen. Bei Kälte die Formen in den Backofen stellen, in dem nur das Licht brennt. Danach für weitere 1 ½ Tage in den Kühlschrank stellen. Die Gesamtgehzeit beträgt ca. 48 Stunden.

Backen:

Den Backofen auf ca. 220 °C (Ober-/Unterhitze) gut vorheizen. Die Brote vorsichtig aus dem Kühlschrank nehmen und in den heißen Ofen (2. Schiene von unten) einschieben. Nach 10 Minuten die Temperatur auf 180 °C reduzieren und weitere 50 Minuten fertigbacken. Wenn die Oberfläche zu dunkel wird, mit einem Backpapier abdecken.

2 Kastenbrote à 1 kg

18–20 Std. Gehen Vorteig
+ 48 Std. Gehen Stückgare
+ 1 Std. Backen

einfach, aber braucht Zeit

2 Kastenbrote à 1 kg

18–20 Std. Gehen Vorteig
+ 48 Std. Gehen Stückgare
+ 1 Std. Backen

einfach, aber braucht Zeit

Bulgurbrot

KASTENBROT MIT DOPPELTER LANGER, KALTER FÜHRUNG

VORTEIG:

1 g Frischhefe (5 ml/g eigene Hefe, wenn selbstgemachte Hefe verwendet wird)
150 ml Wasser (zimmerwarm)
200 g Dinkelvollkornmehl

HAUPTTEIG:

800 g Weizenvollkornmehl
200 g Bulgur
250 ml Wasser (zimmerwarm)
500 ml Buttermilch oder Molke (zimmerwarm)
24 g Salz
1 TL gemahlener Kümmel

ZUBEREITUNG

Vorteig:

Die Zutaten des Vorteiges zusammenkneten. In einer Schüssel mit einem feuchten Tuch abgedeckt bei Zimmertemperatur ca. 13 Stunden ruhen lassen. Bei Kälte die Schüssel in den Backofen stellen, in dem nur das Licht brennt. Danach die Schüssel mit Frischhaltefolie dicht abdecken und für weitere 5 Stunden in den Kühlschrank stellen. Die Gesamtruhezeit beträgt ca. 18–20 Stunden.

Hauptteig:

Den Vorteig mit den Zutaten des Hauptteiges 10 Minuten mit der Hand oder 5 Minuten mit der Maschine kneten. Den Teig halbieren und jede Teighälfte als Rolle in eine eingefettete Kastenformen geben. Die Formen mit Frischhaltefolie dicht abdecken und den Teig bei Zimmertemperatur ca. 13 Stunden ruhen lassen. Bei Kälte die Schüssel in den Backofen stellen, in dem nur das Licht brennt. Danach die Kastenform für weitere 1 ½ Tage in den Kühlschrank stellen. Die Gesamtgehzeit beträgt ca. 48 Stunden.

Backen:

Den Backofen auf ca. 220 °C (Ober-/Unterhitze) gut vorheizen, die Brote vorsichtig aus dem Kühlschrank nehmen und die Brote in den Ofen (2 Schiene von unten) schieben. Nach 10 Minuten die Temperatur auf 180 °C reduzieren und weitere 50 Minuten fertigbacken. Wenn die Oberfläche zu dunkel wird, mit einem Backpapier abdecken.

Rheinisches Festtagsbrot

GEWÜRZFRÜCHTEBROT MIT DOPPELTER LANGER, KALTER FÜHRUNG

VORTEIG:

0,5 g Frischhefe (3 ml/g eigene Hefe, wenn selbstgemachte Hefe verwendet wird)
100 g Weizenvollkornmehl
2 EL Honig
100 ml Milch (zimmerwarm)

HAUPTTEIG:

350 g Weizenvollkornmehl
150 ml Milch (zimmerwarm)
30 g Butter (weich)
1 TL Anis, gemahlen
1 TL Fenchel
½ TL Zimt
1 Ei
9 g Salz
50 g Zitronat, in kleinen Würfeln
50 g Orangeat, in kleinen Würfeln
50 g Haselnüsse, gehackt
150 g Sultaninen

ZUM BESTREICHEN:

50 g Butter

ZUBEREITUNG

Vorteig:

Die Zutaten des Vorteiges zusammenkneten. Mit einem feuchten Tuch abgedeckt in der Teigschüssel bei Zimmertemperatur ca. 13 Stunden ruhen lassen. Bei Kälte die Schüssel in den Backofen stellen, in dem nur das Licht brennt. Danach die Schüssel in Frischhaltefolie eingewickelt für weitere 5 Stunden in den Kühlschrank stellen. Die Gesamtruhezeit beträgt ca. 18–20 Stunden.

Hauptteig:

Den Vorteig mit den Zutaten des Hauptteiges (ohne die Sultaninen) 10 Minuten mit der Hand oder 5 Minuten mit der Maschine kneten. Danach die Sultaninen zugeben und vorsichtig unterkneten. (Würde man die Sultaninen gleich zu Beginn mitkneten, würden sie zerquetscht.)
Den Teig zu einer Rolle formen und in eine eingefettete Kastenformen geben. Die Kastenform mit Frischhaltefolie dicht abdecken und bei Zimmertemperatur ca. 13 Stunden ruhen lassen. Bei Kälte die Schüssel in den Backofen stellen, in dem nur das Licht brennt. Danach die Kastenform in Frischhaltefolie eingewickelt für weitere 1 ½ Tage in den Kühlschrank stellen. Die Gesamtgehzeit beträgt ca. 48 Stunden.

Backen:

Den Backofen auf ca. 220 °C (Ober-/Unterhitze) gut vorheizen. Die Kastenform vorsichtig aus dem Kühlschrank nehmen und in den heißen Ofen (2. Schiene von unten) einschieben. Nach 10 Minuten die Temperatur auf 180 °C reduzieren und 1 weitere Stunde fertigbacken. Wenn die Oberfläche zu dunkel wird, mit einem Backpapier abdecken. Die Butter schmelzen lassen. Nach dem Backen das Früchtebrot mit der flüssigen Butter von allen Seiten bestreichen.

2 Kastenbrote à 1 kg	18–20 Std. Gehen Vorteig + 48 Std. Gehen Stückgare + 70 Min. Backen	einfach, aber braucht Zeit

2 Kastenbrote à 1 kg

18–20 Std. Gehen Vorteig
+ 48 Std. Gehen Stückgare
+ 1 Std. Backen

einfach, aber braucht Zeit

Emmerkernbrot

KASTENBROT MIT DOPPELTER LANGER, KALTER FÜHRUNG

VORTEIG:

0,5 g Frischhefe (3 ml/g eigene Hefe, wenn selbstgemachte Hefe verwendet wird)
150 ml Wasser (zimmerwarm)
200 g Einkorn- oder Emmervollkornmehl

HAUPTTEIG:

500 g Emmervollkornmehl
500 g Dinkelvollkornmehl
650 ml Wasser (zimmerwarm)
100 ml Molke (zimmerwarm)
150 g Kürbiskerne
24 g Salz

ZUBEREITUNG

Vorteig:

Die Zutaten des Vorteiges zusammenkneten. Unter einem feuchten Tuch bei Zimmertemperatur ca. 13 Stunden ruhen lassen. Bei Kälte die Schüssel in den Backofen stellen, in dem nur das Licht brennt. Danach die Schüssel für weitere 5 Stunden in den Kühlschrank stellen. Die Gesamtruhezeit beträgt ca. 18–20 Stunden.

Hauptteig:

Den Vorteig mit den Zutaten des Hauptteiges 10 Minuten mit der Hand oder 5 Minuten mit der Maschine kneten. Den Teig halbieren und jede Teighälfte als Rolle in eine eingefettete Kastenform geben. Die Kastenformen mit Frischhaltefolie dicht abdecken und bei Zimmertemperatur ca. 13 Stunden ruhen lassen. Bei Kälte die Kastenformen in den Backofen stellen, in dem nur das Licht brennt. Danach die Formen für weitere 1 ½ Tage in den Kühlschrank stellen. Die Gesamtgehzeit beträgt ca. 48 Stunden.

Backen:

Den Backofen auf ca. 220 °C (Ober-/Unterhitze) gut vorheizen. Die Brote vorsichtig aus dem Kühlschrank nehmen und in den heißen Ofen (2. Schiene von unten) einschieben. Nach 10 Minuten die Temperatur auf 180 °C reduzieren und weitere 50 Minuten fertigbacken. Wenn die Oberfläche zu dunkel wird, mit einem Backpapier abdecken.

Dinkelkraftbrot

FREIGESCHOBENES BROT MIT DOPPELTER LANGER, KALTER FÜHRUNG

VORTEIG:

0,75 g Frischhefe (5 ml/g eigene Hefe, wenn selbstgemachte Hefe verwendet wird)
200 g Dinkelvollkornmehl
120 ml Wasser (zimmerwarm)

HAUPTTEIG:

1300 g Dinkelvollkornmehl
150 g Walnüsse
1 ½ gestrichene EL Salz
830 ml Wasser (zimmerwarm)
50 ml Essig

ZUBEREITUNG

Vorteig:

Die Zutaten des Vorteiges zusammenkneten. Unter einem feuchten Tuch bei Zimmertemperatur ca. 13 Stunden ruhen lassen. Bei Kälte die Schüssel in den Backofen stellen, in dem nur das Licht brennt. Danach die Schüssel für weitere 5 Stunden in den Kühlschrank stellen. Die Gesamtruhezeit beträgt ca. 18–20 Stunden.

Hauptteig:

Den Vorteig mit den Zutaten des Hauptteiges 10 Minuten mit der Hand oder 5 Minuten mit der Maschine kneten. Den Teig halbieren, jede Teighälfte zu einer Kugel wirken und in eine eingefettete Rührschüssel mit 3,5 l Fassungsvermögen geben. Die Schüsseln dicht mit Frischhaltefolie abdecken und bei Zimmertemperatur ca. 13 Stunden ruhen lassen. Bei Kälte die Schüsseln in den Backofen stellen, in dem nur das Licht brennt. Danach die Schüsseln für weitere 1 ½ Tage in den Kühlschrank stellen. Die Gesamtgehzeit beträgt ca. 48 Stunden.

Backen:

Den Backofen samt Backblech auf ca. 220 °C (Ober-/Unterhitze) gut vorheizen. Die Brote ganz vorsichtig aus der Schüssel nehmen (Tipp: mit den Fingern am Rand unter den Teig fahren), den Rand des Teiglings ohne zu kneten etwas unter die Teigkugel ziehen, nebeneinander auf ein Backpapier legen, sofort auf das heiße Blech geben und in den heißen Ofen (2. Schiene von unten) einschieben. Nach 10 Minuten die Temperatur auf 180 °C reduzieren und 1 weitere Stunde fertigbacken. Wenn die Oberfläche zu dunkel wird, mit einem Backpapier abdecken.

2 Brote à 1 kg	18–20 Std. Gehen Vorteig + 48 Std. Gehen Stückgare + 70 Min. Backen	einfach, aber braucht Zeit

2 Kastenbrote à 1 kg

18–20 Std. Gehen Vorteig
+ 48 Std. Gehen Stückgare
+ 1 Std. Backen

einfach, aber braucht Zeit

Dinkelschrotbrot

KASTENBROT MIT DOPPELTER LANGER, KALTER FÜHRUNG

VORTEIG:

0,5 g Frischhefe (3 ml/g eigene Hefe, wenn selbstgemachte Hefe verwendet wird)
150 ml Wasser (zimmerwarm)
200 g Dinkelvollkornmehl

HAUPTTEIG:

500 g Dinkelvollkornmehl
500 g Dinkelschrot
650 ml Wasser (zimmerwarm)
100 ml Molke (zimmerwarm)
150 g Sonnenblumenkerne
1 EL Salz

ZUBEREITUNG

Vorteig:

Die Zutaten des Vorteiges zusammenkneten. Unter einem feuchten Tuch bei Zimmertemperatur ca. 13 Stunden ruhen lassen. Bei Kälte die Schüssel in den Backofen stellen, in dem nur das Licht brennt. Danach die Schüssel für weitere 5 Stunden in den Kühlschrank stellen. Die Gesamtruhezeit beträgt ca. 18–20 Stunden.

Hauptteig:

Den Vorteig mit den Zutaten des Hauptteiges 10 Minuten mit der Hand oder 5 Minuten mit der Maschine zu einem weichen Teig kneten. Den Teig halbieren und jede Teighälfte als Rolle in eine eingefettete Kastenformen geben. Die Kastenformen mit Frischhaltefolie dicht abdecken und bei Zimmertemperatur ca. 13 Stunden ruhen lassen. Bei Kälte die Formen in den Backofen stellen, in dem nur das Licht brennt. Danach mit Frischhaltefolie abgedeckt für weitere 1 ½ Tage in den Kühlschrank stellen. Die Gesamtgehzeit beträgt ca. 48 Stunden.

Backen:

Den Backofen auf ca. 220 °C (Ober-/Unterhitze) gut vorheizen. Die Brote vorsichtig aus dem Kühlschrank nehmen und die Brote in den heißen Ofen (2. Schiene von unten) einschieben. Nach 10 Minuten die Temperatur auf 180 °C reduzieren und weitere 50 Minuten fertigbacken. Wenn die Oberfläche zu dunkel wird, mit einem Backpapier abdecken.

Sonnenfladen

KLEINE FLADENBROTE, DIE NACH BEDARF AUFGETAUT UND GEBACKEN WERDEN KÖNNEN

VORTEIG:
0,75 g Frischhefe (5 ml/g eigene Hefe, wenn selbstgemachte Hefe verwendet wird)
200 g Dinkelvollkornmehl
120 ml Wasser (zimmerwarm)

HAUPTTEIG:
1300 g Dinkelvollkornmehl
150 g Sonnenblumenkerne
30 g Salz
830 ml Wasser (zimmerwarm)

FÜR DIE GEFRIERBEUTEL:
50 ml Öl

ZUBEREITUNG

Vorteig:

Die Zutaten des Vorteiges zusammenkneten. Mit einem feuchten Tuch bei Zimmertemperatur ca. 13 Stunden ruhen lassen. Bei Kälte die Schüssel in den Backofen stellen, in dem nur das Licht brennt. Danach die Schüssel für weitere 5 Stunden in den Kühlschrank stellen. Die Gesamtruhezeit beträgt ca. 18–20 Stunden.

Hauptteig:

Den Vorteig mit den Zutaten des Hauptteiges 10 Minuten mit der Hand oder 5 Minuten mit der Maschine kneten. Teig zu einer Teigplatte von ca. 20×30 cm flach drücken, von der langen Seite aus aufrollen und in 12 Stücke à ca. 2,5 cm aufteilen. Jedes Teil zu einer Kugel formen und eingeölt in einen Gefrierbeutel geben. Im Gefrierbeutel leicht zu einem Fladen flach drücken.
Bei Zimmertemperatur ca. 13 Stunden ruhen lassen. Bei Kälte die Gefrierbeitel in den Backofen legen, in dem nur das Licht brennt. Danach für weitere 1 ½ Tage in den Kühlschrank legen. Die Gesamtgehzeit beträgt ca. 48 Stunden. Die Fladen können, so wie sie jetzt im Beutel sind, eingefroren werden.

Backen:

Tiefgefrorene Fladen aus dem Gefrierbeutel nehmen und auf einem Backpapier 2 Stunden bei Zimmertemperatur auftauen lassen.
Den Backofen samt Backblech auf ca. 220 °C (Ober-/Unterhitze) gut vorheizen. Das Backpapier auf das heiße Backblech geben und sofort in den heißen Ofen (mittlere Schiene) schieben. 20 Minuten backen.

24 Fladen à 100 g

18–20 Std. Gehen Vorteig
+ 48 Std. Gehen Stückgare
+ 20 Min. Backen

einfach, aber braucht Zeit

Service

Einkaufstipps und Bezugsquellen

Haushaltsmühlen

Karl-Heinz Häussler GmbH
Nussbaumweg 1
88499 Heiligkreuztal
Telefon: +49 (0) 73 71/93 77-0
Telefax: +49 (0) 73 71/93 77-40
E-Mail: info@backdorf.de
www.backdorf.de

hawos Kornmühlen GmbH
Ober-Eschbacher-Str. 37
61352 Bad Homburg
Telefon: +49 (0) 61 72/4 01 20-0
Telefax: +49 (0) 61 72/4 01 20-19
E-Mail: info@hawos.de
www.hawos.de

Waldner biotech GmbH
Kärntnerstraße 62
A-9900 Lienz/Osttirol
Österreich
Telefon: +43 (0) 48 52/7 02 00
Telefax: +43 (0) 48 52/7 02 00-2
E-Mail: office@waldner-biotech.at
www.waldner-biotech.at

Brotbacköfen

Annette Blöchle
Teigwarengeräte
Oberes Dorf 31
72175 Dornhan
Telefon: +49 (0) 74 55/91 46 25 0
Telefax: +49 (0) 74 55/91 46 25 1
E-Mail: info@teigwarengeraete.de
www.teigwarengeraete.de

Bayrischer Holzbackofen-Bau
Hans Maurer
Kasparzell 10
94357 Konzell
Telefon: +49 (0) 99 63/20 71
Telfax: +49 (0) 99 63/29 01 23
E-Mail: backofenbaumaurer@freenet.de
www.holzbackofen-maurer.de

MANZ Backtechnik GmbH
Münster 192–193, Gewerbegebiet Hörle
97993 Creglingen
Telefon: +49 (0) 79 33/91 40-0
Telefax: +49 (0) 79 33/91 40-99
E-Mail: info@manz-backtechnik.de
www.manz-backoefen.de

Karl-Heinz Häussler GmbH
Nussbaumweg 1
88499 Heiligkreuztal
Telefon: +49 (0) 73 71/93 77-0
Telefax: +49 (0) 73 71/93 77-40
E-Mail: info@backdorf.de
www.backdorf.de

NFG Imbiss- und Gastrotechnik GmbH
Michael-Haydn-Weg 2
A-5112 Lamprechtshausen
Österreich
Telefon: +43 (0) 62 74/4 00 66
Telefax: +43 (0) 62 74/4 00 66-4
E-Mail: mailbox@nfg.at
www.nfg.at

Knetmaschinen

Ankarsrum-Assistent:
Holländer & Zacharias GbR
Flinschstr. 35
60388 Frankfurt
Telefon: +49 (0) 69/4 99 01 31
Telefax: +49 (0) 69/4 90 45 5
E-Mail: info@hollaender-elektro.de
www.ankarsrum-kuechenmaschine.de

MANZ Backtechnik GmbH
Münster 192–193, Gewerbegebiet Hörle
97993 Creglingen
Telefon +49 (0) 79 33/91 40-0
Telefax +49 (0) 79 33/91 40-99
E-Mail: info@manz-backtechnik.de
www.manz-backoefen.de

Karl-Heinz Häussler GmbH
Nussbaumweg 1
88499 Heiligkreuztal
Telefon: +49 (0) 73 71/93 77-0
Telefax: + 49 (0) 73 71/93 77-40
E-Mail: info@backdorf.de
www.backdorf.de

Brotbackautomaten

Unold AG
Vertrieb & Service für elektrotechnische Produkte
Mannheimer Str. 4
68766 Hockenheim
Telefon: +49 (0) 62 05/94 18-0
Telefax: +49 (0) 62 05/94 18-12
E-Mail: info@unold.de
www.unold.de

Backutensilien allgemein

Govinda Natur GmbH
Dieselstr. 13 A
67141 Neuhofen
Telefon: +49 (0) 62 36/5 09 84-0
Telefax: +49 (0) 62 36/5 09 84-99
E-Mail: info@GovindaNatur.de
www.govindanatur.de

Horbacher Mühle
Produktions- und Handels GmbH
Oberhorbacher Str. 25
53819 Neunkirchen-Seelscheid
Telefon: +49 (0) 22 47/300 102
Telefax: +49 (0) 22 47/300 103
E-Mail: shop@horbacher-muehle.de
www.horbacher-muehle.de

ZinßerMühle
Roßwälder Str. 4
73269 Hochdorf
Telefon: +49 (0) 71 53/51 19 0
Telefax: +49 (0) 71 53/95 88 91
E-Mail: post@zinssermuehle.de
www.zinssermuehle.de

isaak naturkost
Inh. Martin P. Stoldt
Lange Str. 24
72525 Münsingen
Telefon: +49 (0) 73 83/30 34 05
Telefax: + 49 (0) 73 71/30 34 11
E-Mail: shop@isaak-naturkost.de
www.isaak-naturkost.de
(besonders: Mehle, Melasse, Dinkelsirup und Dicksaft, Gärkörbe etc.)

Minerva Handelsgesellschaft mbH
Reinhard Luginger
Holzlandstr. 1.7
04779 Calbitz
Telefon: +49 (0) 3 43 61/5 44 55
Telefax: +49 (0) 3 43 61/5 44 57
E-Mail: mail@teetraeume.de
www.teetraeume.de
(besonders: Mehle, Melasse, Reinzuchthefe)

Laborutensilien für die Hefeherstellung

Laborshop24 GmbH
Röntgenstr. 9
64846 Gross-Zimmern
Telefon: +49 (0) 60 71/60 78 52-0
Telefax: +49 (0) 60 71/60 78 52-8
E-Mail: info@laborshop24.de
www.laborshop24.de

Reiss Laborbedarf e.K.
In der Dalheimer Wiese 22
55120 Mainz-Mombach
Telefon: +49 (0) 6131/34 96 7
Telefax: +49 (0) 6131/36 98 37
E-Mail: service@reiss-laborbedarf.de
www.reiss-laborbedarf.de

Bier-Reinzuchthefe

Der Hobbybrauer-Versand
Udo Krause
Satkau 1
29459 Clenze
Telefon: +49 (0) 58 44/6 30
E-Mail: udo.krause.satkau@t-online.de
www.satkau1.de
(Hefesatz: „WYEAST Kölschhefe #2565. Auch für Altbier geeignet. Obergärig.")

„Das Bier!" Brausysteme GmbH
Salzberger Str. 3
48465 Schüttorf
Telefon: +49 (0) 59 23/9 93 93 54
Telefax: +49 (0) 59 23/9 93 93 55
E-mail: info@das-bier.de
www.das-bier.com
(Hefesatz: „1200 - Bierhefe 6 g, obergärig")

Brau-Partner
Klaus Kling
August-Häusser-Str. 9
74080 Heilbronn
Telefon: +49 (0) 71 31/4 53 53
Telefax: +49 (0) 71 31/4 15 60
Email: info@braupartner.de
www.braupartner.de
(Hefesatz: „Braupartner's Trocken-Bierhefe „obergärig" (7 gr.) 136-1")

Minerva Handelsgesellschaft mbH
Reinhard Luginger
Holzlandstr. 1.7
04779 Calbitz
Telefon: +49 (0) 3 43 61/5 44 55
Telefax: +49 (0) 3 43 61/5 44 57
E-Mail: mail@teetraeume.de
www.teetraeume.de
(Reinzuchthefe)

Zum Weiterlesen

Blogs, Foren, Social Media

Plötzbrot
Inh. Lutz Geißler
Karlsbader Str. 46
09465 Sehmatal-Cranzahl
Telefon: +49 (0) 3 73 42/14 42 44
E-Mail: lutz@ploetzblog.de
www.ploetzblog.de
www.facebook.com/ploetzblog

Brotbackforum:
Dr. Björn Hollensteiner
Bringweg 80a
45721 Haltern am See
E-Mail: hollens@t-online.de
www.brotbackforum.iphpbb3.com
www.facebook.com/groups/angebacken

Sauerteigforum:
isaak naturkost
Inh. Martin Pöt Stoldt
Lange Str. 24
72525 Münsingen
Telefon: +49 (0) 73 83/30 34 05
Telefax: +49 (0) 73 83/30 34 11
www.der-sauerteig.de
www.facebook.com/groups/Sauerteigforum

Blog: Hefe und Mehr
Stefanie Herberth
Bergische Str. 14
51766 Engelskirchen
E-Mail: stefanie@hefe-und-mehr.de
www.hefe-und-mehr.de

Buchtipps

Geißler, Lutz (2014): Brotbackbuch Nr. 1. Grundlagen und Rezepte für ursprüngliches Brot. 2. Auflage, Verlag Eugen Ulmer, Stuttgart.

Geißler, Lutz und Hollensteiner, Björn (2015): Brotbackbuch Nr. 2. Alltagsrezepte und Tipps für naturbelassenes Brot. Verlag Eugen Ulmer, Stuttgart.

Stoldt, Martin Pöt (2010): Der Sauerteig – das unbekannte Wesen, Herstellen, Führen, Pflegen und Backen leichtgemacht. 9. Auflage, Monsenstein und Vannerdat.

Herberth, Stefanie (2014): Hefe und mehr: Lieblingsbrote selbstgebacken. 2. Auflage, Books on Demand.

Rezepte und mehr schnell nachschlagen

Die in diesem Buch enthaltenen Empfehlungen und Angaben sind von dem Autor mit größter Sorgfalt zusammengestellt und geprüft worden. Eine Garantie für die Richtigkeit der Angaben kann aber nicht gegeben werden. Autor und Verlag übernehmen keine Haftung für Schäden und Unfälle. Bitte setzen Sie bei der Anwendung der in diesem Buch enthaltenen Empfehlungen Ihr persönliches Urteilsvermögen ein.
Der Verlag Eugen Ulmer ist nicht verantwortlich für die Inhalte der im Buch genannten Websites.

Bildquellen

Alle Fotos stammen von Martin Pöt Stoldt.
Titelfoto:
Stockfood/Photo Cuisine/Riou, Jean-Christophe.
Rezept-Icons:
Susanne Dinkel (dinkel-illustrationen.de).
Hintergrund-Illustrationen:
Olga_Zaripova / Shutterstock.com.

Bibliografische Information der Deutschen Nationalbibliothek
Die Deutsche Nationalbibliothek verzeichnet diese Publikation in der Deutschen Nationalbibliografie; detaillierte bibliografische Daten sind im Internet über http://dnb.d-nb.de abrufbar.

Wollgrasweg 41, 70599 Stuttgart (Hohenheim)
E-Mail: info@ulmer.de
Internet: www.ulmer-verlag.de
Lektorat: Anja Fleischhauer, Antje Munk,
Lisa Seibel
Umschlagentwurf: Verlag Eugen Ulmer
Satz: Atelier Reichert, Stuttgart
Druck und Bindung: Livonia Print,
Riga, Lettland
Printed in Latvia

ISBN 978-3-8001-5653-5

Der Autor

Martin Pöt Stoldt kam Anfang der 1980er Jahre aus gesundheitlichen Gründen zum Selberbacken und damit zum Sauerteig. Aus seinen vielen Backversuchen wurde das größte deutschsprachige Sauerteigforum, der Bestseller „Der Sauerteig – das unbekannte Wesen“ und schließlich sein Naturkostversand „isaak naturkost“.